Bonnie Bryant

Ferien im Reitcamp

Sattelclub Band 10

Bonnie Bryant

Bonnie Bryant hat viele Jahre lang
in einem Verlag gearbeitet. Seit 1986
schreibt sie hauptberuflich Kinderbücher.
Sie lebt mit ihren beiden Kindern in New York
und reitet häufig im Central Park.

Bonnie Bryant

Ferien im Reitcamp

Sattelclub Band 10

Aus dem Amerikanischen übersetzt
von Simone Wiemken

Ravensburger Buchverlag

Als Ravensburger Taschenbuch
Band 54910
erschienen 2002

Die Originalausgabe erschien 1989
beim Verlag Bantam Books, a division of Bantam
Doubleday Dell Publishing Group Inc., New York
unter dem Titel „The Saddle Club – Riding Camp"
© 1990 Bonnie Bryant Hiller
All rights reserved.
Published by arrangement with Bantam
Doubleday Dell Publishing Group Inc.,
New York, New York, USA

Die deutsche Erstausgabe erschien 1994
im Ravensburger Buchverlag
© Ravensburger Buchverlag Otto Maier GmbH

Umschlagillustration: Ulrike Heyne

Alle Rechte dieser Ausgabe
vorbehalten durch
Ravensburger Buchverlag

Printed in Germany

Die Schreibweise entspricht
den Regeln der neuen Rechtschreibung.

5 4 3 2 1   06 05 04 03 02

ISBN 3-473-54910-X

www.ravensburger.de

*F*ür Penelope B. Carey

Mein besonderer Dank
geht an Don De-Marzio

Bonnie Bryant

1

„Schau mal, wie sie das macht", sagte Laura Hanson zu Julia Atwood. Die beiden Mädchen standen in der Stallgasse des Reitstalls von Pine Hollow. Jenny Lake war in der Box von Topside und bereitete ihn auf seinen Transport vor.

Die drei Mädchen hatten sich im Reitstall kennen gelernt und gemeinsam den Sattelclub gegründet. Der Club hatte nur zwei einfache Regeln: Alle Mitglieder mussten Pferdenarren sein, und sie mussten jederzeit bereit sein, einander zu helfen. Bisher waren die drei Mädchen die einzigen aktiven Mitglieder des Clubs, doch es gab einige Ehrenmitglieder.

Jenny legte dem großen braunen Wallach die letzte Transportgamasche an, klopfte ihn lobend und richtete sich auf. Sie befestigte eine Führleine an Topsides Halfter und sah ihm direkt in die Augen.

„Die Passagiere für Flug eins von Pine Hollow zum Reiterferienlager von Moose Hill werden gebeten, sich in die Abflughalle zu begeben", verkündete sie. „Passagiere, die im Besitz eines Erste-Klasse-Tickets sind, werden gebeten, sich zum Ausgang zu begeben. Und damit bist du gemeint."

Vor dem Stall wartete ein Pferdetransporter, der Topside nach Moose Hill bringen sollte, in das Reiterferienlager, in dem Jenny die nächsten zwei Wochen verbringen wollte. Jenny hatte Glück gehabt. Eine Freundin hatte diesen Aufenthalt im Ferienlager bei einem Gewinnspiel auf Pine Hollow gewonnen, doch da sie sich nichts aus Pferden machte, hatte sie ihren Gewinn an Jenny abgetreten. Die pferdeverrückte Jenny konnte ihre Freundin zwar nicht verstehen, aber unter diesen Umständen machte es ihr überhaupt nichts aus, dass diese sich für das Reiten nicht begeistern konnte.

„Ich kann vor lauter Aufregung fast nicht beim Verladen zusehen", vertraute Julia Laura an. „Ich kann es kaum glauben. Zwei ganze Wochen Pferde! Nichts als Pferde!"

Laura nickte. Auch ihr war die Aufregung deutlich anzusehen.

„Kaum zu glauben, was für ein Glück wir haben!", stellte Jenny fest. „Ich verstehe immer noch nicht, wie du Max dazu überredet hast, die Kosten für uns beide zu übernehmen. Wie hast du das bloß geschafft?"

Jennys Augen funkelten. Leute, vor allem aber Max Regnery, den Besitzer des Reitstalls, zu etwas zu überreden, was sie eigentlich gar nicht tun wollten, war eine ihrer Spezialitäten.

„Das war leicht", sagte sie und machte eine herablassende Handbewegung.

„Wie ich dich kenne, hat wohl dein Mund Überstunden gemacht", fügte Laura hinzu.

„Ja, das auch", bestätigte Jenny. „Und jetzt muss ich dafür sorgen, dass ich Topside in den Transporter bekomme."

Sie wandte ihre Aufmerksamkeit Topside zu. Er war verladesicher, denn er war ein ehemaliges Turnierpferd, das in vielen Ländern am Start gewesen war. Max hatte Topside vor einiger Zeit kaufen können, weil seine Besitzerin Dorothy DeSoto nach einem Sturz den Turniersport aufgeben musste. Und nun waren die Mädchen mit ihm auf dem Weg ins Ferienlager, was eine ganz neue Erfahrung für ihn bedeutete. Am Ende des zweiwöchigen Ferienkurses würde es ein Turnier für alle Teilnehmer geben. Ein solches Turnier würde sich von den schweren Springprüfungen, die Topside bereits kannte, sehr unterscheiden, und Max war der Meinung gewesen, dass es sowohl für Topside als auch für Jenny eine gute Sache sein würde.

Laura und Julia würden Pferde aus dem Stall des Gastgebers bekommen. Sie hätten zwar viel lieber ihre beiden Lieblingsschulpferde aus Pine Hollow mitgenommen, doch Max konnte nicht noch zwei weitere Pferde zwei Wochen lang entbehren. Außerdem war den beiden durchaus bewusst, dass fremde Pferde eine viel größere reiterliche Herausforderung darstellten.

„Komm mit", sagte Jenny, schnalzte mit der Zunge und führte Topside zur Stalltür. Laura schob die Tür auf, um die beiden hinauszulassen. Jenny hielt die Führleine in einer Hand und trug in der anderen Topsides Putzkasten. Sie warf Topside über ihre Schulter einen Blick zu. Er schien zu merken, dass etwas in der Luft lag, und schlug aufgeregt mit dem Schweif. Jenny grinste ihn an, während sie ihn die Stallgasse entlangführte.

„Jenny, pass auf, dein Kopf!", rief Laura warnend, doch es war zu spät. Es dröhnte dumpf, als Jennys Kopf gegen den an der Stallwand angebrachten Feuerlöscher schlug.

Jenny verzog das Gesicht und rieb sich die schmerzende Stelle. Dann schielte sie. Julia kicherte leise. Jenny konnte an fast jeder Situation etwas Lustiges finden. Das war eine der Eigenschaften, die Julia an ihr besonders mochte.

„Bist du in Ordnung?", fragte Julia besorgt.

„Vergiss Jenny. Denk lieber an den Feuerlöscher!",

sagte Laura und rückte den Feuerlöscher sorgsam wieder gerade. Jenny warf ihr einen gespielt erbosten Blick zu.

Julia musste lachen. Sie wusste genau, dass Laura sich ebenfalls um Jenny sorgte, doch es war einfach ihre Art, zur selben Zeit an die Sicherheit der Pferde zu denken. Ebenso wie Jenny in jeder Situation zuerst die lustige Seite sah, entdeckte Laura meist zuerst die ernste Seite – zumindest, wenn es sich um Pferde handelte. Julia hatte das Gefühl, dass Jenny und Laura sich perfekt ergänzten. Manchmal war das aber auch ein Problem, denn sie selbst stand schon gelegentlich zwischen den Fronten. Die meiste Zeit aber hatte sie viel Spaß mit ihren beiden Freundinnen.

„Lasst uns in die Hufe kommen", sagte Julia. „Je eher wir Topside im Transporter haben, desto früher können wir los."

Laura ging hinter Topside her und schnalzte, um Jenny zu unterstützen, die ihn auf den Transporter zu führte.

„Und ich darf jetzt das Sattelzeug schleppen, oder?", fragte Julia.

„Vielen Dank dafür", antwortete Jenny und grinste.

Julia ging in die Sattelkammer. Sie war einer ihrer

Lieblingsplätze im Stall. Auf den ersten Blick sah der Raum furchtbar unordentlich aus. Überall hingen Lederteile und eine endlose Reihe von Sätteln, die ständig geputzt und gepflegt werden mussten. So zumindest war es Julia vorgekommen, als sie mit dem Reiten angefangen hatte. Nach ein paar Tagen hatte sie jedoch gemerkt, dass in der Sattelkammer eine strenge Ordnung herrschte. Jeder Sattel hing an einer Stelle, die der Lage seiner Box im Stall entsprach. Über jedem Sattel hing das dazugehörige Zaumzeug. An der anderen Wand waren Ersatzbügelriemen aufgehängt, die sorgfältig nach Längen sortiert waren. Die Metallteile, wie Gebisse, Ketten, Schnallen, Haken und Ringe, wurden in verschiedenen Eimern aufbewahrt.

Julia konnte inzwischen nicht mehr verstehen, warum das scheinbare Durcheinander sie anfangs so entsetzt hatte. Sie fand Topsides Sattelzeug und nahm es vom Haken. Der Gedanke, schon bald einen neuen Stall, ein neues Pferd und neue Reiter kennen zu lernen, war aufregend, aber zugleich auch etwas beängstigend. Julia hatte, anders als Jenny und Laura, erst vor wenigen Monaten angefangen zu reiten. Sie hatte noch lange nicht so viel Erfahrung wie ihre Freundinnen. Sie war zwar überzeugt, dass es ihr im Ferienlager gefallen würde, aber etwas unsicher war sie doch. Julia belud sich mit Topsides Sattelzeug und verließ die Sattelkammer.

Im Stall war niemand zu sehen. Alle waren draußen und sahen zu, wie Jenny Topside verlud. Julia wollte vor ihrer Abfahrt unbedingt noch etwas erledigen. Den Reitstall von Pine Hollow gab es schon sehr lange, und im Laufe der Zeit hatten sich gewisse Traditionen entwickelt. Zu ihnen gehörte das Glücksbringer-Hufeisen. Es war Tradition, dass alle Reiter es vor jedem Ritt kurz berührten. Niemand wusste genau, wie alt diese Tradition war oder warum sie entstanden war, doch alle wussten, dass es auf Pine Hollow noch keinen einzigen Reitunfall gegeben hatte, bei dem ein Reiter ernsthaft verletzt worden war. Julia schaute sich verstohlen um. Es war ihr lieber, wenn niemand sie jetzt sah. Das Hufeisen hing neben der Tür zur Halle an der Wand. Julia legte Topsides Sattel auf die Trennwand einer leeren Box und berührte das Hufeisen mit den Fingerkuppen. Das Gefühl des glatten, abgenutzten Eisens an ihren Fingern machte ihr Mut. Sie lud sich den Sattel wieder auf und trug ihn zum Transporter.

Jenny hatte Topside bereits in den Anhänger geführt, und die Freundinnen standen wartend in der Auffahrt. Red O'Malley, der Stallbursche, würde Topside und die Mädchen nach Moose Hill fahren.

„Ist unser ganzes Zeug schon im Auto?", fragte Laura und versuchte, durch die staubigen Scheiben des Geländewagens einen Blick auf die Ladefläche zu werfen.

„Einschließlich deiner gesamten Zimmereinrichtung."

„Ich glaube, wir haben alles", sagte Red trocken.

Laura war bekannt dafür, immer das Wichtigste zu vergessen, doch die Gepäckberge im Auto deuteten darauf hin, dass sie diesmal wohl alles dabei hatte, denn in den zahllosen Taschen steckte wahrscheinlich viel mehr, als sie in den zwei Wochen brauchen würde.

Endlich war es Zeit zum Aufbruch. Die Mädchen stiegen in den Geländewagen und kurbelten die Fenster herunter, um sich von ihren Eltern, ihren Mitreiterinnen, Max und seiner Mutter, Mrs Reg, verabschieden zu können. Doch noch bevor der Wagen das Reitschulgelände verlassen hatte, scheuchte Max seine jungen Reiter schon wieder in den Stall. Die nächste Reitstunde würde gleich beginnen.

„Ich glaube, es gibt nichts, das Max daran hindern könnte, seine Stunden pünktlich anzufangen", stellte Julia fest.

„Doch, ein Wirbelsturm vielleicht", sagte Jenny mit einem Grinsen auf dem Gesicht.

„Aber nur, wenn er den gesamten Reitstall mit sich gerissen hat", fügte Laura hinzu. Julia kicherte. Sie war froh, dass Max den Reitunterricht so ernst nahm. Sie hoffte nur, dass der Reitlehrer im Ferienlager genauso gut sein würde.

„Ich bin ein bisschen aufgeregt", gestand sie ihren Freundinnen. „Ich meine, ihr beide reitet seit Jahren. Ihr seid an andere Pferde und andere Reitlehrer gewöhnt. Aber ich kenne doch fast nur Pine Hollow. Was meint ihr, ob das gut geht?"

„Na klar", versicherte Laura ihr. „Es wird nicht nur gut gehen, es wird super sein. Es ist wichtig, neue Erfahrungen zu sammeln. Und außerdem bist du doch schon in anderen Ställen geritten. Denk doch nur an die Ranch der Devines und an New York. Das war doch etwas anderes. Im Vergleich dazu wirst du dir in Moose Hill fast wie zu Hause vorkommen."

„Nicht ganz", unterbrach Jenny. „Hast du den Prospekt nicht genau gelesen? Ich meine den Abschnitt, in dem steht, dass es für jeweils fünf Pferde einen Pfleger gibt. Das ist ganz und gar nicht wie in Pine Hollow, wo zwei Pferdepfleger für den ganzen Stall zuständig sind und wo die armen, überarbeiteten Reiter die Ställe ausmisten, das Sattelzeug putzen und die Pferde pflegen müssen, während unsere Pfleger keinen Finger rühren. Stimmt's, Red?"

Red schnaubte nur. Es stimmte, dass die Reiter einen Teil der Stallarbeit machten. Auf diese Weise wurden die Kosten niedrig gehalten, und das wiederum ermöglichte mehr Leuten das Reiten. Trotzdem machten Pferde viel Arbeit, und für Red gab es immer noch genug zu tun. Die Mädchen wussten das genauso gut wie er.

„Nur zu", sagte Red. „Von mir aus genießt eure Ferien und lasst euch verwöhnen, aber ich hoffe nur, ihr seid nach eurem Urlaub nicht zu fein, eure Pferde zu putzen. Eine von der Sorte reicht mir."

Die Mädchen wussten, dass Red Veronica diAngelo meinte, ein eingebildetes und verwöhntes Mädchen aus ihrem Stall.

„Keine Sorge, Red", beruhigte Julia ihn. „Wir würden uns nie so aufführen wie sie."

Julia betrachtete die vorüberziehende Hügellandschaft von Virginia und hing ihren Gedanken nach. Egal, wie reich sie wäre, ihr Pferd würde sie immer noch selbst versorgen.

„Hast du ihr Gesicht gesehen?!", trompetete Jenny und riss Julia damit aus ihren Gedanken. Laura lachte.

Julia hatte keine Ahnung, worum es ging. „Wessen Gesicht?", fragte sie.

„Veronicas", sagte Laura. „Du weißt schon, als sie auf dem schimmligen Heuballen saß. Warst du denn nicht dabei?"

„Oh doch, das habe ich gesehen. Sie wischte hektisch am Hosenboden ihrer Designer-Reithose herum. Es war urkomisch, und je mehr sie herumwischte, desto wütender wurde Max." Der Gedanke an diese Szene ließ Julia schadenfroh grinsen.

„Max hatte den Heuballen nur nach draußen gelegt, um dem Händler zu zeigen, was er geliefert hatte, aber Veronica dachte natürlich, es wäre ein neuer Thron für die Prinzessin."

„Sie hat nur das bekommen, was sie verdient", stellte Julia fest. „Einen verschimmelten Thron. Na, besser ihre Reithose als die Box eines Pferdes!"

„Allerdings!", stimmte Laura ihr zu. „Pferde haben einen sehr empfindlichen Magen und können von verdorbenem Heu eine Kolik bekommen, und eine Kolik kann ein Pferd umbringen! Das heißt, wir haben großes Glück gehabt, dass die verschimmelten Ballen keinen größeren Schaden angerichtet haben, als Veronicas Hose zu beschmutzen."

„Das war weniger Glück als Vorsicht", sagte Red. „Dass Heu verschimmelt, kommt immer mal wieder vor. Man muss bei jeder neuen Lieferung und bei jedem Ballen darauf achten."

„Wie macht man das?", wollte Julia wissen.

„Man kontrolliert, ob es sich feucht anfühlt, und dann riecht man daran, ob es muffig ist."

„Man kann auch fühlen, ob es warm ist", fügte Laura hinzu.

„Wenn es warm ist, ist es sogar gefährlich", sagte Red.

„Das bedeutet nämlich, dass es schon so verrottet ist, dass sich dabei Hitze entwickelt. Dann muss es schnellstens aus dem Stall, denn es kann so heiß werden, dass es sich selbst entzündet und die Ballen buchstäblich explodieren."

„Wisst ihr, was mir beim Umgang mit Pferden besonders gut gefällt?", fragte Julia. „Ich finde es toll, dass es über sie so viel zu wissen gibt und dass man immer etwas dazulernen kann, egal, was man gerade tut oder wo man ist, wie zum Beispiel in einem Auto in der Hügellandschaft von Virginia. Man kann außerhalb des Stalls genauso viel lernen wie im Stall."

„Allerdings macht es im Stall viel mehr Spaß", sagte Jenny, und die anderen stimmten ihr zu.

„Ich glaube, wir sind gleich da!", stellte Laura fest.

„Stimmt", bestätigte Red und bog von der Hauptstraße ab, um der Ausschilderung nach Moose Hill zu folgen.

Die Straße war schmal und wurde von gewaltigen Ahornbäumen gesäumt, die an diesem heißen Tag willkommenen Schatten spendeten. Allmählich wichen die Ahornbäume einem Fichtenwald, und die Straße wurde zum Feldweg. Red verlangsamte das Tempo, damit Topside auf dem ungeteerten Weg nicht allzu sehr durchgeschüttelt wurde. Nach etwa einer halben Meile kamen sie an ein Koppeltor. Jenny sprang aus dem Wagen, um es zu öffnen. Nachdem Wagen und Anhänger das Tor passiert hatten, verschloss sie es gewissenhaft und stieg wieder in den Wagen. Red folgte der gewundenen Straße einen Hügel hinauf, und plötzlich lag die riesige rote Scheune des Reiterferienlagers von Moose Hill direkt vor ihnen.

2

„Ich glaube, er sagte, das hier ist unsere Hütte – die zweite auf der rechten Seite." Julia zeigte auf das kleine Holzhaus. „Ja, das ist sie, Nummer drei." Sie blieb kurz stehen, um das Gewicht der drei schweren Taschen besser zu verteilen. Laura tat dasselbe.

„Ich hoffe, Jenny weiß es zu schätzen, dass wir ihren Krempel herschleppen, während sie Topside in seinem Luxusappartement unterbringt."

Julia und Laura hatten sich netterweise bereit erklärt, Jennys Gepäck zur Hütte mitzunehmen, während sie sich um Topsides Unterbringung kümmerte. Mittlerweile vermuteten sie jedoch beide, dass Jenny bei dieser Abmachung das bessere Geschäft gemacht hatte, und als sie sie hinter sich fröhlich rufen hörten, waren sie davon überzeugt.

„Hier bin ich!", verkündete Jenny. „Und vielen Dank für eure Hilfe. Ihr müsst euch unbedingt den Stall ansehen! Er ist einfach irre! Es ist eine riesige Scheune mit ein paar Boxen – die Pferde sind die meiste Zeit auf der

Weide – und einem gigantischen Heuboden. Da oben können wir richtig herumtoben!"

„Falls wir nach der Schlepperei überhaupt noch zu einer Bewegung fähig sind", bemerkte Laura spitz.

Jenny verstand den Hinweis. Sofort nahm sie Laura und Julia ihr Gepäck ab und folgte ihnen in die Hütte.

Die Fliegengittertür schlug hinter ihnen zu, und die Mädchen standen in einem sehr schlichten quadratischen Raum mit einem angebauten Badezimmer. In dem Raum standen sechs Feldbetten, und zu jedem Bett gehörte ein kleiner Schrank mit Fächern für Kleidung und persönliche Dinge. Julia betrachtete zweifelnd ihre beiden großen Reisetaschen. Allmählich gewöhnten sich ihre Augen auch an das matte Licht, das die einzelne Glühbirne an der Decke spendete. Sie war sicher, dass es ihr nie gelingen würde, all ihre Sachen in diese winzigen Fächer zu stopfen.

„Das ist mein Bett", sagte eine fremde Stimme ziemlich unfreundlich.

„Oh", sagte Julia erschrocken. Sie drehte sich um und sah ein Mädchen aus dem Badezimmer kommen, das ungefähr in ihrem Alter war. „Ich wollte dein Bett gar nicht nehmen. Ich habe mir nur gerade angesehen, wie klein die Fächer sind. Ich glaube ..." Sie wollte gerade erklären, dass ihre Mutter ihr für jede Reise viel zu viel Kleidung einpackte, als ihr klar wurde, dass das Mädchen überhaupt nicht zuhörte. Es hatte sich seine Reitkappe gegriffen und verließ bereits die Hütte.

„Ich wünsche dir auch einen schönen Tag!", rief Jenny ihr hinterher. Die einzige Antwort war das Klappern der Stiefelabsätze auf den Stufen zur Hütte.

„Schöne Begrüßung!", stellte Laura fest.

„Vergesst Debbie", sagte eine andere Stimme. Die drei hatten das Mädchen, das in einer Ecke des Raumes saß und seine Stiefel putzte, noch gar nicht bemerkt. „Sie hat gerade herausgefunden, dass Elsa, die im letzten Jahr beim Turnier fast alle goldenen Schleifen gewonnen hat, in diesem Jahr wieder hier ist und sogar in dieser Hütte wohnt. Ich heiße Nora."

Einen Augenblick lang waren die Sattelclub-Mitglieder zu überrascht, um zu reagieren oder sich selbst vorzustellen. Es wäre ihnen nie in den Sinn gekommen, sich darüber aufzuregen, dass eine Gewinnerin goldener Schleifen in ihrer Hütte untergebracht war. Laura war eher begeistert von der Idee, mit jemandem zusammenzuwohnen, der besser reiten konnte als sie und von dem sie noch etwas lernen konnte.

Die Mädchen fanden ihre Fassung wieder und stellten sich vor. Nora zeigte ihnen, welche Betten noch frei waren, und half Julia sogar beim Verstauen ihres Gepäcks.

„Wo ist denn die Siegerin?", fragte Laura, die gerade mit Noras Hilfe ihr Bett bezog. Elsas Bett stand neben dem von Laura, und ihre Reisetaschen standen neben dem Bett, doch es war noch nichts ausgepackt und auch das Bett war noch nicht bezogen.

„So wie ich Elsa kenne", begann Nora, „hat sie sich irgendwo im Gelände außer Sichtweite der Scheune und des Haupthauses ein stilles Plätzchen gesucht und trainiert mit ihrem Pferd."

„Bedeutet das etwa, dass die Kursteilnehmer ohne Aufsicht und ohne Begleitung reiten dürfen?", fragte Laura erstaunt. Max ließ keinen seiner Jugendlichen allein ins Gelände. Selbst die besten Reiter mussten mindestens einen Begleiter haben, der im Notfall Hilfe holen konnte.

„Nein, eigentlich darf niemand allein losziehen, aber das kümmert Elsa nicht", erwiderte Nora.

„Aber mit Freunden zu reiten, macht doch viel mehr Spaß", sagte Jenny.

„Das trifft auf Elsa nicht zu", erklärte Nora. „Erstens hat sie keine Freunde, und zweitens würde sie nie mit jemandem reiten, der womöglich etwas von ihr lernen könnte. Sie hat bereits verkündet, dass sie fest entschlossen ist, auch in diesem Jahr alle goldenen Schleifen zu gewinnen."

„Na prima", sagte Jenny und verzog angewidert das Gesicht.

„Wisst ihr, das erinnert mich daran, was Sara Devine

uns über die wirklich guten Reiter erzählt hat, gegen die sie angetreten ist", sagte Laura. Sara war Juniorenmeisterin gewesen, doch Leute wie Debbie und Elsa hatten sie dazu gebracht, den Turniersport aufzugeben.

„Ihr kennt Sara Devine?", fragte Nora, der vor Staunen der Mund offen stand.

„Klar, sie ist eine alte Freundin von uns", sagte Laura. „Vor einiger Zeit haben wir sie auf der Ranch ihrer Eltern besucht. Sie ist auf das Westernreiten umgestiegen, und es macht ihr viel Spaß." Laura zog ihr Bettlaken straff und strich die Bettdecke glatt. „Wollen wir uns das Lager ansehen?", fragte sie ihre Freundinnen.

„Wie wär's mit einer Führung?", bot Nora an. „In einer halben Stunde gibt es Essen. Wenn ihr wollt, zeige ich euch bis dahin alles."

Der Vorschlag gefiel Laura, denn sie hatte bei ihrer Ankunft nur einen flüchtigen Blick auf die Anlage werfen können.

„Das wäre toll", sagte sie, auch im Namen von Julia und Jenny. „Wir sind hier fast fertig …"

„Ich habe noch in der Scheune zu tun", sagte Nora schnell. „Warum treffen wir uns nicht dort? Ihr wisst doch, wo die Scheune ist?"

„Meinst du vielleicht das große rote Gebäude, in dem das ganze Heu liegt und die Pferde stehen?", fragte Jenny unschuldig.

„Mach dir nichts draus", sagte Julia zu Nora. „Jenny muss immer Witze machen. Wir treffen dich dann in fünf Minuten in der Scheune."

Nora nickte und ließ die Sattelclub-Mädchen allein in der Hütte zurück.

„Was für ein Ort", bemerkte Jenny und stopfte ihre Sachen in das kleine Fach neben ihrem Bett. „Er hat alles, um der schönste der Welt zu sein – Pferde und Leute, die Pferde lieben –, und wir landen in einer Hütte mit einem Genie, das sein Können eifersüchtig hütet, und einem Möchtegern-Genie, das mit niemandem spricht!" Sie schob ihre Zahnbürste in die letzte freie Ecke, richtete sich auf und sah ihre Freundinnen mit gespielter Verzweiflung an.

„Ich glaube, Leute wie Debbie und Elsa ignoriert man am besten. Und da sie auch uns ignorieren werden, sollte uns das nicht schwer fallen", stellte Julia fest.

„Nora scheint ganz nett zu sein", fügte Laura hinzu.

„Passt bloß auf, dass sie nicht versucht, hinter das Geheimnis unseres reiterlichen Erfolgs zu kommen", scherzte Jenny.

„Was mich betrifft, kann sie gern all meine Reitgeheimnisse aufdecken", sagte Laura. „Mein einziges Geheimnis ist, dass Reiten Spaß macht. Ich habe allerdings das Gefühl, dass es hier ein paar Leute gibt, die das noch nicht begriffen haben."

Die Sattelclub-Mitglieder waren zwar in vielen Dingen oft unterschiedlicher Meinung, doch in diesem Fall konnten sie Laura nur zustimmen. Julia dachte an all den Spaß, der noch vor ihr lag, und lächelte glücklich.

„Ich wechsle zwar nur ungern das Thema, Leute, aber habt ihr schon gesehen, was dort unten am Fuße des Hügels ist?"

„Noch mehr Hütten?", fragte Julia. Auch sie hatte die zweite Ansammlung von schlichten Hütten bereits entdeckt.

„Nicht einfach nur mehr Hütten", korrigierte Laura sie. „Das sind die Hütten der Jungen. Hier reiten auch Jungen."

„Na und?", fragte Jenny, die auf ihrem frisch bezogenen Bett saß. „In Pine Hollow reiten auch ein paar Jungen. Aber Jungen, die reiten, kannst du alle vergessen. Ich habe noch keinen kennen gelernt, der nicht ein absoluter Blödmann war."

Julia war von Jennys Meinung etwas überrascht. Es stimmte zwar, dass die Jungen, die in Pine Hollow ritten, wirklich nicht gerade umwerfend waren, doch es bestand doch immer noch die Möglichkeit, einen Freund zu finden, oder etwa nicht?

„Ach komm, Jenny", sagte sie. „Vielleicht ist das hier anders."

„Wohl kaum", erwiderte Jenny. „Du hättest den Kerl

sehen sollen, der hereinkam, als ich Topside in seine Box brachte. Er hat alle herumkommandiert, als wäre er Veronica diAngelos großer Bruder."

„Vielleicht ist er auch reich", überlegte Julia laut. „Ich glaube, ich könnte lernen, einen reichen Mann zu lieben."

Jenny warf ihr einen vernichtenden Blick zu. „Diesen Kerl bestimmt nicht", sagte sie.

„Was war denn mit dem Typ, der Topsides Sattel für dich getragen hat?", wollte Laura wissen.

„Dieser Trottel?", stieß Jenny hervor. „Ich gebe zu, als ich ihn sah, gefiel er mir, und dann habe ich ihn nach seinem Namen gefragt, doch den hatte er anscheinend vergessen. Ich sage euch, die Jungs hier sind nicht besser als die Mädchen. Also halten wir uns an die Pferde!" Sie grinste und stand auf. Die drei waren mit dem Auspacken fertig und bereit, sich mit Nora in der Scheune zu treffen.

„Hast du wenigstens schon ein paar von den Pferden gesehen?", fragte Julia. „Wegen denen sind wir schließlich hier."

„Die Pferde sind etwas anderes", stellte Jenny fest. „Es gibt einen Fuchswallach, eine echte Schönheit. Er hat einen traumhaft gebogenen Hals – er hat bestimmt Araberblut – und trägt seinen Schweif so hoch, als wäre er stolz auf sich selbst. Er kam sofort zu mir und stieß mich mit der Nase an. Doch da wurde eine Scheckstute eifersüchtig und begann herumzutänzeln, damit ich mich auch mit ihr beschäftige. Gleichzeitig scharrten zwei Braune mit den Vorderhufen, als ob sie das Theater der Stute schon so oft gesehen hätten, dass es sie nur noch langweile. Und Topside hat die ganze Zeit zugesehen und versucht, alles mitzubekommen."

Den ganzen Weg bis zur Hügelkuppe erzählte Jenny ihren Freundinnen von den Pferden. Julia war furchtbar aufgeregt. Vermutlich hatte Jenny Recht. Die Mädchen in diesem Lager waren ziemlich unfreundlich und die Jungen wahrscheinlich uninteressant. Nur gut, dass die Pferde so toll waren!

3

Als Nora die Mädchen durch das Ferienlager führte, sahen sie, dass der Reiterhof in Form eines Ovals angelegt war. An einem Ende befand sich die riesige Scheune. Ober- und unterhalb der auf dem Abhang liegenden Scheune grenzten zwei Koppeln an das Gebäude. Am Ende der unteren Koppel lag ein Stallgebäude. An der dritten Scheunenseite war ein riesiges Tor, und an der vierten Seite lag der Reitplatz. Dahinter befand sich ein Grasplatz von der Größe eines Fußballfeldes, der zum Beispiel für Reiterspiele genutzt werden konnte. An einer der langen Seiten dieses Grasplatzes lag der Speiseraum und an der anderen Seite waren die Gemeinschaftsräume, an die ein normaler Sportplatz angrenzte.

Die Hütten lagen weiter unten am Hang. Die Hütten der Jungen und die der Mädchen waren an gegenüberliegenden Seiten eines Badesees mit einem kleinen Sandstrand errichtet worden. Ein Feldweg führte von der Scheune zu den Hütten. Durch ein Waldstück kam man auf Fußwegen zum See und zum Speiseraum.

Der größte Teil des Ferienlagers war offenes Gelände mit nur wenigen Bäumen am Rande der Koppeln und Reitplätze. Hinter dem Speiseraum standen an einer schattigen Stelle Picknicktische, an denen die Gäste bei schönem Wetter alle Mahlzeiten einnahmen. Die Hütten standen im Wald, wo es angenehm kühl war.

„Das Lager bietet Platz für etwa dreißig Reiter", erklärte Nora. „Meistens sind es etwa zwanzig Mädchen und ungefähr zehn Jungen. Barry sagte, dass das auch diesmal der Fall ist."

Die Mädchen wussten bereits, dass Barry der Leiter des Ferienlagers war. Sie hatten ihn im Stall gesehen, wo er sich um die Unterbringung mehrerer gerade eingetroffener Gastpferde gekümmert hatte. Er war so damit beschäftigt gewesen, den Pferdepflegern zu erklären, was sie zu tun hatten, dass er die drei kaum zur Kenntnis genommen hatte. Laura war überrascht gewesen, dass Barry einem der Pfleger so genaue Anweisungen hatte erteilen müssen. Sein Name war Fred, und er schien überhaupt nichts von Pferden zu verstehen. Laura hatte sich bereits fest vorgenommen, Fred nicht in die Nähe des ihr zugeteilten Pferdes zu lassen.

„So, das war es", sagte Nora zu den Sattelclub-Mädchen. „Falls ihr nicht noch das Kraftfutterlager auf der anderen Seite der oberen Koppel sehen wollt, kennt ihr jetzt alles."

„Vielen Dank für die Führung", sagte Julia. „Auf den ersten Blick fand ich die ganze Anlage hier ziemlich kompliziert, aber ich glaube, dank deiner Hilfe werde ich mich jetzt zurechtfinden."

„Gern geschehen", antwortete Nora. „Es hat mir Spaß gemacht. Aber nun muss ich in den Speiseraum. Ich bin heute mit dem Tischdecken an der Reihe. Kommt bitte auch, wenn ihr die Glocke hört. Wir sehen uns dann beim Essen."

Die Mädchen verabschiedeten sich von Nora. Julia und Laura wollten sich vor dem Essen noch die Hände waschen, doch Jenny wollte lieber noch einmal nach Topside sehen. Deshalb beschlossen die drei, sich im Speiseraum wiederzutreffen.

Jenny konnte sich nicht entscheiden, welcher Teil des Ferienlagers ihr besser gefiel, der See oder die Scheune. Die Scheune war irgendwie großartig. Wahrscheinlich lag es daran, dass sie eine echte Scheune war und kein gewöhnliches Stallgebäude. Die Pferde waren die meiste Zeit auf einer der angrenzenden Weiden, und die Boxen wurden hauptsächlich für kranke oder verletzte Pferde benutzt. Ein kleines Tor führte direkt auf die untere Weide. Der Hufschmied hatte seinen Arbeitsplatz in der

Scheune, und Pferde, die frisch beschlagen werden mussten, blieben über Nacht in einer der Boxen. Jenseits der Boxen lag das riesige Scheunentor, durch das hoch beladene Heu- und Strohwagen passten.

Nachdem Jenny sich vergewissert hatte, dass es Topside gut ging, schaute sie sich die Lagerräume an. Einer von ihnen diente natürlich als Sattelkammer. Sie schaute sich um, wo der Pferdepfleger Topsides Sattelzeug untergebracht hatte. Anfangs konnte sie es nicht finden, doch als sie es endlich entdeckte, war sie nicht mehr so überzeugt, dass in dieser Sattelkammer Ordnung herrschte. Topsides Sachen lagen unordentlich in einer Ecke auf dem Boden! Jenny war empört. Sie hob den Sattel auf und legte ihn auf den nächsten freien Sattelbock. Dann entwirrte sie die Trense und legte sie über den Sattel, denn der Zaumzeughaken über dem Sattelbock war abgebrochen. Sie schob den Berg von Lederzeug, den irgendjemand lieblos unter diesen Sattelbock geworfen hatte, beiseite und stapelte Topsides Putzzeug und seine anderen Sachen sorgfältig unter dem Sattel.

Als Jenny fertig war, schaute sie sich ein weiteres Mal in der Sattelkammer um, diesmal allerdings voller Zweifel. Inzwischen hatte sie das Gefühl, dass diese Sattelkammer, anders als die von Pine Hollow, nicht nur chaotisch aussah, sondern dass hier ein wirkliches Chaos herrschte. So viel zu den Pferdepflegern von Moose Hill!

Und so viel zum Thema Urlaub von der Pferdepflege! Sie jedenfalls würde ihr Pferd und seine Ausrüstung selbst pflegen und ihren Freundinnen raten, dasselbe zu tun.

Als Jenny aus der Sattelkammer kam, fiel ihr auf, dass nirgendwo andere Gäste oder Angestellte zu sehen waren. Das konnte nur eines bedeuten: Die Essensglocke musste geläutet haben, und sie hatte sie nicht gehört. Sie fand einen Wasserhahn an der Rückseite der Scheune, wusch sich schnell die Hände und rieb sie an ihrer Jeans trocken.

„Wo war doch gleich der Speiseraum?", überlegte Jenny. „Es war eines der Gebäude neben dem Grasplatz. Aber welches?" Sie entschied sich für das linke. Sie hatte die falsche Entscheidung getroffen. Sie brauchte fast zehn Minuten, um den Speiseraum zu finden, und es war ihr peinlich, zu den Picknicktischen zu gehen. Sie war reichlich spät dran, denn alle anderen waren bereits beim Nachtisch.

Richtig unangenehm wurde es jedoch, als sie merkte, dass an dem Tisch, an dem Laura, Julia und Nora saßen, kein Platz mehr frei war.

„Tut mir Leid. Wir haben versucht, dir einen Platz freizuhalten, aber es hat sich einfach jemand hingesetzt", sagte Laura spitz. Sie machte eine Kopfbewegung zu Elsa, die neben Julia saß und in missgelauntem Schweigen ihr Essen verzehrte.

„Das kann vorkommen", sagte Jenny. Ihr taten die Freundinnen fast Leid. Sie selbst hätte auch nicht gern mit diesem muffeligen Mädchen an einem Tisch gesessen. Sie sah sich nach einem anderen Platz um.

Der einzige freie Platz war ausgerechnet an einem Tisch, an dem nur Jungen saßen. Wenn sie nicht so hungrig gewesen wäre, hätte sie das Essen am liebsten ausfallen lassen. Da ihr nichts anderes übrig blieb, ging sie zu diesem Tisch hinüber.

„Ist der Platz noch frei?", fragte sie.

Sieben Jungen sahen sie an, ganz offensichtlich zu überrascht, um zu antworten. Es ärgerte Jenny, zweimal fragen zu müssen. „Esta el seato es libro?", radebrechte sie deshalb auf Spanisch und zahlte den Jungen so ihre Unhöflichkeit heim. Sechs der Jungen starrten sie an, als wäre ihr plötzlich ein zweiter Kopf gewachsen. Der siebte brach in Gelächter aus.

„Muy libro", antwortete er in ebenso grauenhaftem Spanisch. „Setz dich." Jenny setzte sich hin.

Sie saß dem Jungen, der auf ihre Frage geantwortet hatte, genau gegenüber. In der Regel gefielen ihr Leute, die über ihre Witze lachten, und deshalb sah sie sich diesen Jungen genauer an. Was sie sah, überraschte sie. Dieser Typ, der schon bewiesen hatte, dass er Köpfchen besaß, weil er ihren Witz verstanden hatte, sah außerdem noch ausgesprochen gut aus. Er hatte kurzes, hellbraunes Haar und tiefgrüne Augen. Er war groß, hatte breite Schultern und war braun gebrannt. Was ihr besonders auffiel, war sein freundliches Lächeln. Und das Beste war, dass er es auf sie gerichtet hatte.

„Hallo, ich bin Phil Marston", sagte er.

„Und ich heiße Jenny Lake", brachte sie mühsam hervor. Was war bloß los mit ihr?

„Kommst du aus der Nähe?", fragte er, und sie begannen sich zu unterhalten.

Es stellte sich heraus, dass er aus einem Ort kam, der etwa zehn Meilen von Jennys Heimatort Willow Creek entfernt lag. Sie hatte bereits von dem Stall gehört, in dem er ritt. Phil war ein Jahr älter als sie. Er ritt zwar noch nicht so lange wie sie, aber er hatte mehr Turniererfahrung. Es stellte sich heraus, dass sie vieles gemeinsam hatten. Beide liebten das Reiten und vor allem das Springen, interessierten sich aber auch für Dressur. Beide hassten Mathematik. Phil war der Ansicht, zu viele Schwestern zu haben. Jenny erklärte, sie hätte zu viele Brüder. Beide hatten ein Pferd ins Ferienlager mitgebracht. Allerdings gehörte Jennys Pferd der Reitschule von Pine Hollow, während Phil sein eigenes Pferd mithatte, einen braunen Wallach, der Teddy hieß.

Jenny lachte über Phils Scherze. Phil lachte über ihre. Keiner von beiden bemerkte, dass die anderen Jungen fertig gegessen hatten und den Tisch verließen. Sie bemerkten nicht einmal, dass Laura und Julia kamen, bis Laura schließlich durch mehrmaliges lautes Räuspern auf ihre Anwesenheit aufmerksam machte.

Laura ließ sich neben Jenny auf einen Stuhl fallen. Julia setzte sich daneben.

„Oh, hallo!", sagte Jenny und stellte Phil ihre Freundinnen vor. Er lächelte und nickte ihnen zu, aber, wie Jenny feststellte, schenkte er ihr eindeutig das strahlendste Lächeln. Sie erwiderte es.

„Wir haben gleich eine Reitstunde", sagte Laura.

„Wirklich?", fragte Jenny. Kaum zu glauben, dass das Mittagessen schon vorbei war. Schließlich hatte sie sich doch erst vor ein paar Minuten an diesen Tisch gesetzt, oder etwa nicht? Sie schaute auf ihre Uhr. Es war fast eine Dreiviertelstunde vergangen.

„Reitest du in derselben Gruppe wie wir?", fragte Jenny Phil, obwohl sie noch nicht einmal wusste, für welche Reitstunde sie selbst eingeteilt war.

Es stellte sich jedoch heraus, dass Phil eine Springstunde hatte. Die Mädchen würden Dressurunterricht erhalten, was bedeutete, dass sie sich eine lange Zeit nicht sehen konnten – zumindest nicht bis zum Abendessen, und bis dahin waren es noch fünf endlos lange Stunden.

„Komm jetzt!", befahl Laura und zupfte an Jennys Ärmel. „Wir müssen unsere Reitsachen anziehen, zum

Stall gehen, unsere Pferde satteln und wer weiß was noch alles, und das alles in einer Viertelstunde."

„Laura hat Recht", sagte Julia. „Und Phil muss sich ja auch noch fertig machen. Wir sollten uns alle etwas beeilen."

„Okay", sagte Phil und stand auf. „Ich hoffe, beim Abendessen ist neben dir ein Seato libro", sagte er zu Jenny. „Und natürlich auch neben euch", fügte er dann höflich hinzu, um Laura und Julia nicht auszuschließen. Dann machte er sich in einem gemächlichen Zuckeltrab auf den Weg zu seiner Hütte.

Jenny war sehr merkwürdig zu Mute. Es war komisch, aber auch sehr angenehm. In ihrem Magen schienen Schmetterlinge herumzuflattern, und ihre Knie waren weich.

„Ich fühle mich ganz schwach", sagte sie.

Laura und Julia warfen sich einen bedeutungsvollen Blick zu.

„Bist du noch dasselbe Mädchen, das uns vor einer Stunde einen Vortrag darüber gehalten hat, dass Jungen, die reiten, alle Blödmänner sind?", stichelte Julia und lachte über ihre Freundin.

„Ich finde, es ist Zeit, dass wir uns auf die Pferde konzentrieren", stellte Laura fest. „Deswegen sind wir schließlich hier, oder etwa nicht?"

„Du vielleicht", sagte Jenny und seufzte zufrieden.

Laura brauchte einen Augenblick, um zu merken, dass Jenny einen Scherz gemacht hatte.

Julia schaute auf die Uhr. „Zwölf Minuten", verkündete sie, und sie mussten sich doch noch umziehen. Die drei rannten zu ihrer Hütte.

Julia war ein wenig aufgeregt vor ihrer ersten Reitstunde im Ferienlager. Sie hatte bisher ausschließlich von Max Regnery Reitunterricht erhalten und wusste nicht, was sie hier erwartete. Sie war nur froh, dass ihre beiden besten Freundinnen bei ihr waren. Sie stieg auf ihr Schulpferd, einen braunen Wallach mit dem Namen Major, und ritt mit ihm zum Reitplatz.

Barry ließ alle Reiter einen großen Zirkel bilden. Dann bat er sie, sich und ihre Pferde vorzustellen und etwas über ihre bisherigen Reiterfahrungen zu erzählen. Julia konnte kaum glauben, was die anderen Reitschüler von sich gaben. Schleifen, Pokale, Meisterschaften – waren denn überhaupt keine Reiter mit wenig Erfahrung darunter? Sie schluckte unbehaglich.

„Und du?", fragte Barry und zeigte auf sie.

Julia hatte in der Schule einen Kurs im freien Sprechen belegt und ihn mit einer Eins abgeschlossen. Doch dieser Kurs hatte sie nicht darauf vorbereitet, einem Haufen von Fremden zu gestehen, dass sie noch keine Pokale gewonnen hatte. Sie hatte keine Ahnung, wie sie anfangen sollte, also räusperte sie sich, um Zeit zu gewinnen.

„Also, mein Name ist Julia Atwood. Ich reite ein Pferd, das, äh, Major heißt. Ich komme aus Willow Creek in Virginia und reite erst seit ein paar Monaten." Sie schaute starr auf den Boden.

„Irgendwelche Schleifen oder Pokale, von denen du uns erzählen möchtest?", fragte Barry.

„Pokale?", wiederholte Julia, als hätte sie das Wort nie zuvor gehört. Barry nickte ihr aufmunternd zu. „Na ja, vielleicht. Oh, einmal hat meine Mannschaft ein Reiterspiel gewonnen. Zählt das auch?"

Ein paar der Reiter kicherten. Julia wäre am liebsten im Boden versunken.

„Ich glaube, du verschweigst uns etwas, Julia", sagte Barry. „Ich habe mit Max Regnery gesprochen, und er sagt, du wärst eine besonders viel versprechende Schülerin. Er erwartet Großes von dir. Du hast bis jetzt vielleicht noch keine Schleifen, aber sie werden nicht mehr lange auf sich warten lassen." Julia wurde knallrot.

Einige der anderen Reiter starrten sie immer noch an, aber das machte ihr jetzt nicht mehr so viel aus. Vielleicht hatte sie noch nicht so viel Erfahrung wie die meisten anderen, aber sie war begabt. Sie wünschte nur, dass sie sich ihre Begabung in einem Schleifenkasten an die

Wand hängen könnte. Als Nächste stellte Laura sich und ihr Pferd Basil vor. Sie ritt schon so lange, dass die anderen Reiter sie auch ohne Barrys Unterstützung akzeptierten.

Nach ihr war Jenny an der Reihe. Julia brauchte nur einen Blick auf Jenny zu werfen, und sie wusste, dass es Schwierigkeiten geben würde. Jenny hatte ganz offensichtlich kein Wort von dem gehört, was die anderen gesagt hatten. Ihr verträumter, geistesabwesender Blick konnte nur eines bedeuten: Sie war verliebt.

„He, du!", rief Barry und wedelte mit den Armen, um Jennys Aufmerksamkeit zu erregen. Es funktionierte nicht. Laura streckte den Arm aus, um sie zu kneifen. Doch Jenny wischte ihre Hand gedankenverloren beiseite.

„Jenny!", zischte Laura. „Du bist dran! Stell dich und Topside vor!"

Jenny schreckte aus ihren Träumen hoch. Sie hatte nichts mitbekommen, und nun hatte sie keine Ahnung, was sie sagen sollte.

„Huste", flüsterte Laura und lehnte sich zu Jenny hinüber, als wollte sie ihr helfen. „Huste so stark du kannst."

Jenny gehorchte augenblicklich. Sie keuchte so überzeugend, dass es sich anhörte, als würde sie ersticken.

Laura klopfte ihr auf den Rücken, damit es so aussah,

als wollte sie ihrer Freundin durch einen schlimmen Hustenanfall hindurchhelfen. „Das ist meine Freundin Jenny Lake", sagte sie. „Sie reitet in Pine Hollow, genau wie Julia und ich. Sie hat mit acht Jahren angefangen zu reiten, hat an vielen kleineren Turnieren teilgenommen und hat einen ganzen Schrank voller Schleifen. Sie hat auch einen Pokal, aber er ist ziemlich verstaubt, also stammt er vielleicht aus ihrer ersten Reiterprüfung – auf jeden Fall ist er ihr nicht wichtig. Sie reitet Topside, der früher Dorothy DeSoto gehörte. Sie hat ihn an Pine Hollow verkauft, als sie den Turniersport aufgab. Geht es dir jetzt wieder gut, Jenny?", fragte Laura zuckersüß, denn Jennys „Anfall" schien vorüber zu sein.

„Ja, alles in Ordnung, Laura. Danke der Nachfrage."

„Bist du wirklich völlig in Ordnung?", fragte Laura bedeutungsvoll.

„Ich glaube schon", antwortete Jenny. „Vielen Dank für deine Hilfe."

Was immer Jenny im Kopf herumgehen mochte, zwei Dinge waren jedenfalls sicher: Jenny hatte ihre Lektion über Träumen in der Reitstunde gelernt, und Laura war eine wirkliche Freundin und hatte schnell geschaltet!

4

Nach der Reitstunde saß Julia ab und führte Major in die Scheune, denn dort hatte sie die Möglichkeit, ihn beidseitig anzubinden.

Manche Pferde hatten nämlich die Angewohnheit, nicht still zu stehen, wenn man sich mit ihnen beschäftigte, und um ihre Bewegungen möglichst einzuschränken, war es eine gute Idee, auf beiden Seiten des Halfters eine Führleine einzuhaken. Bisher war sie mit Major gut zurechtgekommen. Er war gut erzogen, worüber sie sehr froh war.

In der Scheune waren zwar einige Pferdepfleger, die Major für sie hätten absatteln können, doch Julia wollte die Gelegenheit nutzen, sich selbst um ihn zu kümmern und ihn dabei besser kennen zu lernen. Und es gab keine bessere Methode, ein Pferd kennen zu lernen, als es zu versorgen.

Debbie stand neben ihr und sattelte ihr Pferd ab. Julia nutzte die Gelegenheit und versuchte, mit ihr ins Gespräch zu kommen.

„Barry ist ein wirklich guter Lehrer, findest du nicht auch?", fragte sie und nahm Major die Trense ab.

„Er ist streng, falls du das meinst", antwortete Debbie. „Manchmal finde ich ihn allerdings zu streng. Schließlich kann man sich nicht alles auf einmal merken."

„Das sieht Max aber ganz anders", sagte Julia. „Unser Reitlehrer zu Hause besteht darauf, dass wir alles auf einmal richtig machen. Zumindest tut er es. Einmal hat er mich auf acht meiner Fehler gleichzeitig hingewiesen!"

Debbie bedachte sie mit einem mitleidigen Blick. Wahrscheinlich war sie der Ansicht, dass jemand, der so viele Fehler auf einmal machte, unwürdig war, mit ihr in derselben Gruppe zu reiten. Daraufhin beschloss Julia spontan, dass sie mit jemandem, der so über sie dachte, nichts zu tun haben wollte. Sie richtete ihre volle Aufmerksamkeit wieder auf Major, der gründlich geputzt werden musste.

Julia stellte fest, dass das Striegeln eines Pferdes die beste Beschäftigung war, wenn man sich geärgert hatte. Je ärgerlicher man war, desto stärker drückte man den Striegel auf die Haut, und desto besser gefiel es dem Pferd. Julia merkte, dass Major die kräftige Massage genoss. Als sie ihn fertig geputzt hatte, war sein Fell glatt und sauber. Jetzt durfte er zur Tränke gehen.

Julia führte ihn zum Wassertrog, der auf der an die Scheune angrenzenden Weide stand. Fred, der Pferdepfleger, stand ebenfalls dort, hielt die Führleinen von drei Pferden gleichzeitig in der Hand und achtete auf keines von ihnen. Es war ein warmer Tag, und die Tiere waren vom Reiten immer noch erhitzt. Sie hatten sich auf das Wasser gestürzt und hörten gar nicht wieder auf zu trinken. Doch erhitzte Pferde, die zu viel Wasser bekamen, konnten eine gefährliche Kolik bekommen.

Julia war unsicher, was sie tun sollte. Sie wusste zwar, dass Fred einen Fehler machte, aber wie sollte sie es ihm sagen?

„Haben die drei denn nicht genug?", fragte sie deshalb vorsichtig.

„Anscheinend nicht", antwortete Fred. „Sie trinken ja noch."

Natürlich tranken sie noch, aber das war nicht der Punkt. Julia wollte sich eigentlich nicht mit Fred anlegen, aber wenn das der einzige Weg war, die Pferde zu schützen, würde sie es tun. Doch zum Glück tauchte Betty, die Stallmeisterin, auf und sprach ein Machtwort.

„Fred, diese drei haben fürs Erste genug Wasser! Bring sie auf die Koppel, und hol dann einen neuen Heuballen vom Boden." Fred zog mit einem Ruck an den Führleinen der drei Pferde und führte sie dann auf die Koppel. Julia gefiel es überhaupt nicht, wie er die Tiere vom Wasser weggerissen hatte, aber zumindest war es nicht gefährlich für sie.

Betty schüttelte den Kopf. „Er ist neu hier", vertraute sie Julia an. „Er ist der Sohn eines Freundes von Barry und soll angeblich mit Pferden umgehen können, aber das war wohl nichts. Er ist eher eine Belastung für uns als eine Hilfe."

Immer noch vor sich hin murmelnd, ging Betty zurück in die Scheune, um einem Reiter zu helfen, der es nicht schaffte, bei seinem Pferd den Sattelgurt zu lösen.

Eines war auf jeden Fall sicher: Jenny hatte absolut Recht mit ihrer Einschätzung der Pferdepfleger, zumindest in einem Fall. Die beste Methode, um sicherzustellen, dass es den Pferden gut ging, war, sie selbst zu versorgen.

Sie klopfte Majors Hals und führte ihn auf die Koppel, auf der er bleiben sollte, bis sie ihm sein Heu bringen konnte.

Einige Minuten später erschien Fred mit einem großen Heuballen auf einer Schubkarre. Er kippte den Ballen auf den Boden der Scheune, kniff den Draht durch, der den Ballen zusammenhielt, und begann, einzelne Portionen für die Pferde abzuteilen.

Julia nahm sich eine Portion für Major. Sie fand, dass es nichts gab, das so schön duftete wie frisches Heu. Sie schnupperte daran. Doch irgendetwas stimmte nicht. Das Heu roch zwar nicht verdorben, aber doch nicht so, wie es sollte. Es roch irgendwie merkwürdig.

In diesem Augenblick brachte Laura ihr Pferd auf die Koppel. „Was ist denn?", fragte sie, als sie Julias Gesicht sah.

„Ich weiß nicht", antwortete Julia, „aber das Heu riecht ganz merkwürdig." Sie hielt es Laura hin.

Laura befühlte das Heu und rieb es zwischen den Fingern. Dann schnupperte sie zuerst an ein paar Halmen und dann an dem ganzen Büschel.

„Es ist verschimmelt", stellte sie fest. „Ich hoffe nur, dass noch kein Pferd davon gefressen hat."

„Nein, Fred hat den Heuballen gerade erst vom Boden geholt. Er ist ..."

Julia konnte nicht ausreden. Wenn es um das Wohlergehen von Pferden ging, verlor Laura keine Minute.

„Betty!", rief Laura und rannte zu ihr hinüber, um ihr das Heu zu zeigen.

In aller Eile sammelte Betty das Heu ein, das Fred bereits verteilt hatte, und warf es ein gutes Stück von der Scheune entfernt auf einen großen Haufen. Verdorbenes Heu machte nicht nur die Pferde krank, es konnte sich ja auch selbst entzünden. Betty wollte kein Risiko eingehen.

Sie ließ Fred einen neuen Ballen holen und untersuchte ihn zusammen mit den Mädchen. Er war in Ordnung. Fred schnitt ihn auf, und jedes der Mädchen nahm sich eine Portion für sein Pferd. Sie mussten sich beeilen.

Der theoretische Unterricht fing in fünf Minuten an, und vor dem Abendessen sollte noch ein Lehrfilm gezeigt werden.

In Moose Hill hatte man zwar Probleme mit einem Pferdepfleger, aber die Reitausbildung wurde sehr ernst genommen, und die Mädchen würden erst nach dem Abendessen Freizeit haben.

Sie rannten über den Rasen zum Gemeinschaftsraum, in dem der theoretische Unterricht stattfinden sollte.

„Sattelclub-Treffen nach dem Essen", sagte Laura. „Wir müssen über vieles reden!"

Julia und Jenny konnten ihr nur zustimmen.

„Wo wollen wir uns treffen?", fragte Julia.

„Wie wäre es am See?", schlug Jenny vor. „In der Nähe unserer Hütte ist eine Lichtung dicht am Ufer."

Die Mädchen entschieden sich für diesen Platz. Wasser, Sterne und Mondschein würden ein stilvoller Hintergrund für das Sattelclub-Treffen sein.

„AUTSCH!" Klatsch! „Erwischt", sagte Jenny. „Und wieder ist eine von diesen widerlichen Mücken vor ihren Schöpfer getreten. Aber hier ist schon eine neue, die ihren Platz einnehmen will."

Das Seeufer war jetzt am Abend wirklich schön, doch

leider schien eine Million Mücken derselben Ansicht zu sein.

Laura ignorierte Jennys Hasstirade gegen den gesamten Insektenbestand von West-Virginia. „Diese Mädchen sind wirklich die Pest – sie tun so, als wären sie zu gut, um mit gewöhnlichen Sterblichen zusammen zu reiten!"

Julia erzählte den anderen von Debbies Reaktion auf ihre Bemerkung über Max.

„Und die Jungs sind genauso beschränkt", fügte sie hinzu.

„Aber nicht alle", sagte Jenny. Die anderen brauchten nicht zu fragen, an wen sie dabei dachte.

„Aber es sind auch nicht alle Mädchen so eingebildet", gab Julia zu. „Nora zum Beispiel ist wirklich nett. Und diese Lily, die den Grauen reitet, scheint auch ganz in Ordnung zu sein."

„Zugegeben, einige von ihnen sind ganz in Ordnung. Wahrscheinlich sogar die meisten von ihnen", bestätigte Laura. „Aber diese eingebildeten Ziegen sind wirklich unglaublich. Sie sind überzeugt, dass sie beim Turnier nächste Woche alle Schleifen gewinnen, nur weil sie sie schon einmal gewonnen haben. Sie bilden sich ein, sie hätten sie verdient! Wie ich diese Überheblichkeit hasse!"

„Mir geht es genauso", sagte Julia, „und wahrscheinlich auch jedem anderen. Aber was sollen wir tun?" Sie erschlug eine weitere Mücke. „Wir können sie doch nicht ändern."

„Warum nicht?", wollte Laura wissen. „Warum sollten wir nicht versuchen, sie zu ändern?"

„Ooooh, seht nur", unterbrach Jenny sie und zeigte mit dem Arm über den See. Jenseits des Sees ging die Sonne unter. Über den Bäumen zeigte der Himmel eine atemberaubende Farbzusammenstellung aus orangefarbenen, gelben und rosa Tönen, und das Ganze spiegelte sich auf der glatten Wasseroberfläche.

„Wunderschön", stellte Julia fest.

„Ja, so romantisch", sagte Jenny verträumt.

Normalerweise war Jenny die Letzte, die verträumt herumsaß. Laura vermutete auch, dass Jenny noch nie zuvor die Schönheit eines Sonnenuntergangs zur Kenntnis genommen hatte, doch diesen Gedanken behielt sie vorsichtshalber für sich. Sie warf ein Steinchen ins Wasser. Es verursachte Wellen in der Spiegelung des Sonnenuntergangs. Ein Frosch quakte.

„Oh, wie süß!", sagte Jenny.

Das war zu viel für Laura. „Was, bitte, ist an einem Frosch süß?", knurrte sie gereizt. Allmählich ging ihr diese Schwärmerei von Jenny auf die Nerven. Jenny allerdings war klug genug, darauf nicht zu antworten.

„Also, wie wollen wir etwas ändern?", fragte Julia und kam damit auf ihr ursprüngliches Thema zurück.

„Das ist doch ganz einfach", antwortete Laura und strahlte. „Diese Biester bilden sich doch ein, sie würden alle Schleifen gewinnen, oder nicht?"

Julia und Jenny nickten.

„Aber das werden wir nicht zulassen. Wir werden uns alle Siegerschleifen holen und es ihnen zeigen!"

Ihre Freundinnen grinsten spitzbübisch. Laura fuhr fort: „Der Trick ist, dafür zu sorgen, dass Elsa und Debbie vollkommen von sich überzeugt sind – nicht, dass sie es nicht jetzt schon wären. Wir müssen nur so tun, als wären wir blutige Anfänger. Ihr wisst schon, dumme Fehler machen, damit sie sich uns überlegen fühlen können. Und wenn es dann so weit ist, werden sie ihr blaues Wunder erleben, und wir schnappen uns alle goldenen Schleifen!"

„Was für eine geniale Idee!" Julia lachte. „Allerdings wird ihre Durchführung wohl hauptsächlich an euch hängen bleiben – weil ihr schon mehr könnt und auch, weil Jenny Topside reitet. Ich glaube, das ist eine neue Aufgabe für den Sattelclub. Wir werden uns unheimlich anstrengen müssen, und dann fegen wir sie vom Platz!"

„Allerdings", sagte Jenny mit Nachdruck. „Wir können es schaffen. Ich weiß es!" Sie erschlug eine weitere Mücke. „Können wir jetzt bitte in die Hütte gehen?"

„Noch nicht", sagte Julia. „Es gibt noch ein Problem, falls du es noch nicht weißt: der Pferdepfleger Fred. Ich hörte, wie Betty über ihn schimpfte. Anscheinend ist er neu hier und bildet sich ein, etwas von Pferden zu verstehen, aber er hat keine Ahnung. Also wenn euch etwas an euren Pferden liegt, macht die Arbeit lieber selbst."

Laura stand auf und streckte sich. „Ja, er bringt wirklich nur Ärger. Ich schätze, wir haben alle gehofft, hier Urlaub von der Stallarbeit zu haben, aber wenn Pferde in Gefahr sind, können wir uns keinen Urlaub leisten."

„Schon klar", stimmte Jenny ihr ungeduldig zu und schlug erbittert nach einer Mücke. „Ich glaube, ich werde bei lebendigem Leibe gefressen!"

„Also gut, ich habe für heute auch genug Mücken gemordet. Dein Wunsch sei dir gewährt, Jenny. Gehen wir in die Hütte", sagte Laura und erklärte damit das Treffen für beendet.

„Das wurde auch Zeit", stellte Jenny fest. Sie und Julia erhoben sich ebenfalls. Die Sonne war inzwischen untergegangen, und es dauerte einen Moment, bis ihre Augen sich an die Dunkelheit im Wald gewöhnt hatten. „Ich glaube, wir müssen hier entlang." Sie kniff die Augen zusammen.

Plötzlich hörten die Mädchen, wie jemand durch die Blätter raschelte. Sie blieben stehen, weil sie nicht wussten, was sie tun sollten.

„Hallo?", rief eine ihnen bekannte Jungenstimme. „Jenny, bist du das?" Es war Phil.

„Ja, ich bin hier mit Julia und Laura", antwortete sie. Julia hörte die Aufregung in ihrer Stimme.

Phil kam nahe genug heran, dass sie ihn sehen konnten. „Heute ist so ein schöner Abend. Wie wäre es mit einem Spaziergang?", fragte er. Er sah sie zwar alle drei an, aber Julia wusste, dass er eigentlich nur Jenny meinte.

Laura allerdings schien es nicht zu merken. „Ach, die Mücken sind einfach unerträglich. Wir gehen in unsere Hütte. Vielleicht ein anderes Mal, okay?"

„Welche Mücken?", wollte Jenny wissen.

Bevor Julia und Laura es so recht begriffen hatten, waren Jenny und Phil schon auf einem Spaziergang um den See.

„Ist das Liebe?", fragte Laura Julia auf dem Rückweg zur Hütte. „Wenn man den Verstand verliert?"

„Ich habe keine Ahnung", sagte Julia und kratzte sich am Arm. „Aber ich bin nur froh, dass ich nicht verliebt bin. Jenny wird sich morgen bestimmt totkratzen!"

5

Wenn jemand Jenny Lake vor vierundzwanzig Stunden vorausgesagt hätte, dass sie freiwillig in einer dunklen Nacht ohne Taschenlampe über die Baumwurzeln und Büsche eines mückenverseuchten Waldes stolpern würde, hätte sie ihn ausgelacht. Doch genau das tat sie zurzeit, ohne dabei auch nur einen Augenblick lang an ihrem Geisteszustand zu zweifeln. Dazu machte es ihr einfach zu viel Spaß.

„Hier können wir uns hinsetzen", sagte Phil und zeigte auf eine grasbewachsene Kuppe, von der aus sie einen guten Blick auf den dunklen See haben würden. Die beiden setzten sich. Hier konnten sie ungestört miteinander reden.

Jenny war die Unterhaltung mit einem Jungen noch nie so leicht gefallen. Phil schien sie genau zu verstehen, und deshalb redete sie noch mehr als sonst.

Sie erzählte ihm vom Sattelclub und was sie gemeinsam unternommen hatten. Er interessierte sich besonders für ihre Reise auf die Ferienranch von Sara Devine.

Er war auch schon einmal auf einer solchen Ranch gewesen und hatte dort einen wundervollen Urlaub verbracht.

„Manche Leute, die im englischen Stil reiten, verachten die Westernreiter", sagte Jenny. „Aber ich nicht. Ich liebe das Reiten, Punkt. Ich reite englisch, weil dieser Stil bei uns in Virginia unterrichtet wird, aber ich würde auch jeden anderen Stil reiten, denn ich liebe Pferde."

„Dasselbe gilt für mich", sagte Phil. „Aber mir machen die Turniere im englischen Stil besonders viel Spaß, dir nicht auch?"

„Ich bin bisher nur auf wenigen Turnieren geritten. Das heißt, ich kann mir darüber eigentlich kein Urteil erlauben, aber wenn die Einstellung einiger Leute hier für Turnierreiter typisch sein sollte, bin ich gar nicht scharf darauf, mehr Turniererfahrung zu bekommen."

Phil sah sie überrascht an. „Was meinst du damit?"

„Ach, zum Beispiel Leute wie Elsa und Debbie", sagte sie. „Du warst doch im letzten Jahr auch schon hier, nicht wahr? Nach dem zu urteilen, was Nora und ein paar andere erzählt haben, werden diese beiden allen anderen Turnierteilnehmern einen Kampf bis aufs Messer liefern. Für sie gibt es keine netten Regeln wie ‚Tue dein Bestes und lern von den anderen'. Elsa spricht mit niemandem in der Hütte, denn anscheinend glaubt sie, wir gehörten zu einem Spionagering, der es auf das

Geheimnis ihres Erfolgs abgesehen hat. Und Debbie ist überzeugt davon, besser zu sein als wir. Du weißt schon, als wären wir nicht gut genug, die gleiche Luft zu atmen wie sie!"

Phil lachte. „Du hast eine gute Menschenkenntnis", stellte er fest. „Zumindest hast du diese beiden sofort durchschaut."

„Sie halten mit ihren Ansichten ja auch nicht gerade hinter dem Berg", sagte Jenny. „Ich frage mich jedoch, warum Barry die beiden in dieselbe Hütte gesteckt hat – und noch dazu in unsere. Ich glaube, uns stehen zwei grässliche Wochen bevor."

„Du willst doch nicht etwa abreisen?", fragte Phil entsetzt. „Ich fände es schrecklich …"

Jenny hatte ein angenehmes, warmes Gefühl, als ihr bewusst wurde, dass Phil wirklich Angst hatte, sie zu verlieren. „Keine Sorge, ich bleibe", versicherte sie ihm. „Und meine Freundinnen auch. Wir haben etwas vor."

„Ja? Was denn?", fragte er neugierig.

Einen Augenblick lang wusste Jenny nicht, was sie sagen sollte. Im Sattelclub war nie über Geheimhaltung gesprochen worden, aber sie war sich doch nicht sicher, ob sie Phil etwas darüber erzählen durfte, was die Clubmitglieder geplant hatten. Sie konnte ihm bestimmt trauen, aber durfte sie es ihm erzählen, ohne ihre Freundinnen vorher gefragt zu haben?

„Ach, es ist eine Art Plan", sagte sie ausweichend. „Wir arbeiten an einer Methode, Elsa und Debbie – und alle anderen, die genauso eingebildet sind – mit ihren eigenen Waffen zu schlagen. Aber wir befinden uns noch im Planungsstadium."

„Ach so", sagte Phil. Jenny hatte das Gefühl, dass er beleidigt war, weil sie ihn nicht eingeweiht hatte.

„Es tut mir wirklich Leid, dass ihr diese beiden in eurer Hütte habt", fuhr Phil fort. „Dadurch bekommt ihr nämlich einen vollkommen falschen Eindruck von diesem Lager. Niemand sonst ist so wie sie – jedenfalls nicht in diesem Ausmaß. Moose Hill ist ein großartiger Ort und Barry ein ausgezeichneter Reitlehrer. Ich habe mich hier im letzten Jahr sehr wohl gefühlt, und ich glaube, dass es mir in diesem Jahr noch besser gefallen wird."

Jenny sagte dazu lieber nichts, denn sie wusste genau, was er damit meinte. „Erzähl mir von Teddy", bat sie ihn stattdessen, um das Thema zu wechseln.

Phil hatte Teddy seit drei Jahren. Vorher hatte er ein Pony gehabt, und Teddy war sein erstes großes Pferd. Er hatte Teddy in seiner Reitschule untergestellt, weil die Marstons keine Möglichkeit hatten, ein Pferd am Haus zu halten.

„Für ein eigenes Pferd würde ich alles geben", sagte Jenny. „Ich würde sogar einen meiner Brüder dagegen eintauschen."

„Was für ein Opfer!", spottete Phil. „Wenn ich dich richtig verstanden habe, würdest du sie sogar gegen ein Päckchen Kaugummi eintauschen!"

„Das stimmt auch", gab Jenny zu. „Jederzeit, obwohl ich Kaugummi nicht einmal mag."

„Wenn Topside nicht dein Pferd ist, wem gehört er dann?", fragte Phil.

Jenny erzählte ihm, dass Max das Pferd von Dorothy DeSoto gekauft hatte, die wegen einer Rückenverletzung den Turniersport hatte aufgeben müssen.

„Er ist Dorothy DeSotos Pferd? Du meinst die Dorothy DeSoto?" Jenny nickte. „Ich bin beeindruckt", sagte Phil. „Mit einem Pferd wie ihm wirst du wahrscheinlich alle Schleifen bei unserem Turnier abräumen."

„Willst du damit etwa andeuten, dass ich nicht in der Lage wäre, es auch allein zu schaffen? Dass ich ein Meisterschaftspferd dazu brauche?" Jenny ärgerte sich ein wenig über seinen Ton. Sie überlegte, ob er wohl Recht damit hatte, dass Debbie und Elsa die beiden einzigen überehrgeizigen Leute im Ferienlager waren.

„Aber das meinte ich doch gar nicht so", sagte Phil schnell. „Ich meinte nur, dass eine gute Reiterin wie du auf einem so erfahrenen Pferd wie Topside ... nun, ihr könntet unschlagbar sein."

„Das haben wir auch vor", sagte Jenny. Er lächelte.

Darauf folgte ein langes Schweigen. Das Einzige, was

Jenny hörte, war das leise Plätschern des Wassers und das gelegentliche Summen einer Mücke. Jenny zog die Beine an und legte die Arme um die Knie.

„Ist dir kalt?", fragte Phil. „Du kannst meinen Pullover haben."

„Nein, es geht schon."

„Du siehst aber aus, als wäre dir kalt", stellte Phil fest und zog seinen Pullover aus. Er legte ihn ihr über die Schultern und ließ seinen Arm auch gleich dort – natürlich nur wegen der zusätzlichen Wärme.

„Danke, Phil", sagte sie. „Ich glaube, mir war wirklich etwas kühl. Ich habe es nur nicht gleich gemerkt."

„Gern geschehen", erwiderte er. Dann griff er mit der anderen Hand nach Jennys Kinn und drehte ihr Gesicht zu seinem.

Jenny war wie vom Donner gerührt. Ihre Gedanken rasten, und ihr Herz klopfte wie wild. Phil wollte sie küssen! Aber sie war noch nie von einem Jungen geküsst worden! Was sollte sie bloß tun? Die Augen schließen? Öffnen? Wegsehen? Nach oben schauen? Oder einfach wegrennen?

Im schwachen Abendlicht konnte sie sehen, dass Phil sie anlächelte. War er genauso verwirrt wie sie? Er machte nicht den Eindruck. Vielleicht konnte er all ihre Gedanken lesen und lachte sie nun aus? Eine schreckliche Vorstellung.

„Es wird Spaß machen, mit dir zu reiten", sagte Phil und unterbrach damit das Schweigen. „Ich glaube, ich werde es sogar genießen, dich beim Turnier zu schlagen", neckte er sie.

Dann zögerte er. Jenny schluckte … und in diesem Augenblick hörten sie ein Geräusch. Jemand klopfte auf das eingeschaltete Mikrofon an der Lautsprecheranlage. Das bedeutete, dass alle Gäste in ihren Betten zu sein hatten und zwar bei ausgeschaltetem Licht.

„Oh Mann, jetzt müssen wir rennen!", sagte Phil und sprang auf. „Barry versteht keinen Spaß, wenn es um den Zapfenstreich geht!"

Auch Jenny erhob sich, und Phil nahm ihre Hand, um ihr den Rückweg zu den Hütten zu zeigen. Er schien sich gut auszukennen, obwohl es so dunkel war. Nur ein paar Minuten später standen sie vor Jennys Hütte.

„Wir sehen uns morgen", flüsterte er und winkte ihr zu.

„Ja", antwortete sie ebenfalls im Flüsterton.

Jenny hatte sich kaum zur Hütte umgedreht, als sie auch schon Julia und Laura entdeckte, die an der Fliegengittertür auf sie warteten.

„Los, komm schnell!", zischte Julia. „Nora sagt, in ungefähr zwei Minuten kommt jemand, um zu kontrollieren, ob alle in ihren Betten sind!"

Jenny schoss die Eingangsstufen hinauf. Sie riss sich

die Turnschuhe von den Füßen. Sie hatte keine Zeit mehr, einen Schlafanzug anzuziehen, bevor die Aufsicht kam, also sprang sie angezogen ins Bett und zog sich die Decke bis ans Kinn.

Nur einen Augenblick später ging die Tür auf, und Betty kam herein. Jenny blinzelte sie verschlafen an. Betty warf einen prüfenden Blick durch den Raum, vergewisserte sich, dass in jedem Bett jemand lag, und wandte sich dann zum Gehen.

„Gute Nacht, Mädchen. Und träumt etwas Schönes", sagte Betty.

Etwas Schönes?, dachte Jenny. Sie trug immer noch Phils warmen Pullover und kuschelte sich behaglich hinein. Dann berührte sie ihr Kinn an der Stelle, an der Phil es angefasst hatte. Wahrhaftig ein schöner Traum!

6

Ihre schwierigste Stunde hatten die Sattelclub-Mitglieder am nächsten Tag nach dem Mittagessen, denn da fand die einzige Reitstunde des Tages statt, bei der sie mit Debbie und Elsa in einer Gruppe waren. Es war die Stunde, in der sie die beiden davon überzeugen mussten, dass sie vom Reiten keine Ahnung hatten.

„Jenny, was ist los mit dir?", fragte Barry gereizt. „Du weißt genauso gut, auf welchem Fuß du leichttraben musst, wie du deinen eigenen Namen weißt!"

„Aber vielleicht könntest du es mir noch einmal erklären", bettelte Jenny sehr überzeugend.

Debbie und Elsa lächelten höhnisch.

Julia und Laura taten dasselbe, doch aus einem anderen Grund. Jenny leistete großartige Arbeit.

Alle Schüler hörten geduldig zu, während Barry Jenny das Leichttraben erklärte. „Der Trab ist eine Bewegung im Zweitakt, bei der das Pferd die diagonal gegenüberliegenden Beine gleichzeitig bewegt. Der Reiter soll sich im Takt dieser Bewegung im Sattel erheben und wieder hinsetzen. Wenn das Pferd aber die Richtung – oder die Hand, wie die Reiter sagen – wechselt, muss der Reiter umsitzen. Dazu bleibt er zwei Takte lang sitzen und erhebt sich erst dann wieder. Für Anfänger ist das immer etwas schwierig, doch erfahrene Reiter machen es automatisch, ohne nachzudenken." Jenny war natürlich eine erfahrene Reiterin, doch sie führte sich auf wie die blutigste Anfängerin.

Elsa und Debbie grinsten hämisch. Die Sattelclub-Mädchen wussten, je ungeschickter sie sich anstellten, desto fester würden Elsa und Debbie mit ihrem Sieg beim Turnier rechnen. Ihr Plan funktionierte. Der Vormittagsunterricht war leichter zu überstehen. Die Mädchen hatten im Laufe des Vormittags zwei Reitstunden ohne Elsa und Debbie, in denen sie ihr Bestes geben konnten.

Die erste Stunde des Tages war eine Springstunde. Jenny und Laura sprangen schon seit längerer Zeit und konnten es schon recht gut. Julia aber war noch nie absichtlich mit einem Pferd über ein Hindernis gesprungen. Einmal allerdings hatte sie vor einem wild gewordenen Bullen fliehen müssen und war dabei über einen ein Meter hohen Zaun gesprungen. Max hätte vermutlich einen Wutanfall bekommen, wenn er gewusst hätte, dass sie über die Bullenweide geritten waren, und er wäre vollkommen ausgerastet, wenn er dann noch erfahren hätte, auf welchem Weg sie die Weide wieder verlassen hatten. Also hatten die Mädchen es ihm nie erzählt und sich gegenseitige Verschwiegenheit geschworen. Dass Julia bei ihrem ersten Sprung oben geblieben war, bedeutete nicht, dass sie nun springen konnte, sondern nur, dass sie Glück gehabt hatte.

Während Jenny und Laura eifrig mit Hilfe verschieden hoher Hindernisse an ihrem Springstil arbeiteten, trainierte Julia mit Cavalettis. Dabei handelt es sich um auf dem Boden liegende Stangen, die Major an ein gleichmäßiges Tempo und an Hindernisse gewöhnen sollten. Julia vermutete allerdings, dass Major schon jetzt wesentlich mehr vom Springen verstand als sie selbst. Aber das machte nichts. Sie lernte so schnell, dass sie sich bestimmt auch bald an richtigen Hindernissen versuchen durfte.

Am dritten Tag der Cavalettiarbeit fand Julia heraus, dass es das Wichtigste war, die Länge von Majors Galoppsprüngen zu bestimmen, und dass sie lernte, wie groß seine Galoppsprünge in den verschiedenen Geschwindigkeiten waren.

„Mir macht diese Vorarbeit für das Springen unheimlich viel Spaß", erklärte Julia ihren Freundinnen beim Putzen des Sattelzeugs.

„Warte nur ab, bis du erst wirklich springen darfst", sagte Laura. „Es ist unvergleichlich. Springen ist eine ganz neue Erfahrung, bei der man das Gefühl hat, mit seinem Pferd eins zu werden. Findest du nicht auch, Jenny?"

„Oh ja", antwortete Jenny. „Phil und ich mögen das Springen!"

Julia und Laura warfen sich bedeutungsvolle Blicke zu. Sie hatten sich allmählich daran gewöhnt, dass es bei Jenny nur noch „Phil und ich" hieß. Seit Jenny einen Freund hatte, schien sie keine eigenständige Person mehr zu sein, sondern nur noch ein Teil eines Paares. Es hieß ständig „Phil und ich" oder „Phil sagt" oder etwas anderes in dieser Art. Laura und Julia mochten Phil zwar, aber Jenny übertrieb ihr „Wir"-Gefühl doch ein wenig.

„Haben Phil und du jetzt diesen Sattel fertig geputzt?", fragte Laura unschuldig.

Den Witz hätte sie sich sparen können. „Phil?", fragte Jenny. „Ist er hier?" Sie sah sich suchend um.

„Nein, er ist nicht hier", sagte Julia. „Aber du sprichst so viel von ihm, dass es uns fast vorkommt, als wäre er hier."

„Oh", sagte Jenny und wurde rot. Julia hatte bisher immer angenommen, dass Jenny niemals rot werden würde, aber in den letzten Tagen war Rot beinahe ihre normale Gesichtsfarbe.

„Meinst du, das ist heilbar?", fragte Julia Laura, nachdem Jenny weggegangen war, um Topsides frisch geputztes Sattelzeug wegzuräumen. Da sie Phil auf dem Weg zur Sattelkammer gesehen hatten, rechneten sie nicht damit, die beiden vor dem Mittagessen wieder zu sehen, und dann würden sie sie wahrscheinlich wieder mit Sätzen bombardieren, die allesamt anfingen mit „Phil und ich" oder „Jenny und ich".

Es war merkwürdig, zuzusehen, wie sich ein so selbstständiger Mensch wie Jenny so sehr von einem anderen abhängig machte.

„Ich weiß es nicht", antwortete Laura. „Aber ich kann mir eigentlich nicht vorstellen, dass Jenny den Rest ihres Lebens so verträumt bleiben wird."

„Da hast du natürlich Recht", sagte Julia und polierte Majors Sattel. „Die gute alte Jenny ist immer noch da, unter all dem Phil-und-ich-Getue und dem ständigen Erröten. Sie wird irgendwann wieder auftauchen. Vielleicht werden wir uns dann die verträumte Jenny zurückwünschen."

„Ich ganz bestimmt nicht", widersprach Laura heftig. „Heute Morgen im Unterricht musste Barry sie dreimal aufrufen. Sie war so damit beschäftigt, Phils Zügel zu entwirren, dass sie nichts anderes sah und hörte!"

Julia lachte. „Hör bloß auf! Ich werde jetzt den Sattel wegräumen und dann noch einmal nach Major sehen. Er hatte heute Morgen einen Stein im Huf, und ich will nachschauen, ob ihm die Stelle noch wehtut. Wir sehen uns dann beim Mittagessen." Sie ging zur Sattelkammer hinüber.

Irgendjemand hatte einen Sattel auf den Sattelhalter von Major gelegt.

Julia wusste zwar nicht, wem dieser Sattel gehörte, aber sie wusste genau, wer diesen Fehler gemacht hatte. Das war ganz sicher Fred.

Mehrere andere Sattelhalter waren nicht belegt. Sie legte den fremden Sattel auf einen der freien Halter und räumte Majors Sachen ordentlich weg. Sie schaute sich um. Einige andere Sättel hingen gefährlich schief auf ihren Haltern. Julia rückte sie gerade und runzelte die Stirn über Freds Gedankenlosigkeit.

Major war in seiner Box in der hinteren Hälfte der Scheune. Sie wollte kein Risiko eingehen, solange sie nicht sicher war, dass sein Huf in Ordnung war. In der Regel verschwand der Schmerz sofort, sobald man einen in den Huf eingetretenen Stein entfernt hatte, doch es kam gelegentlich vor, dass das Pferd auch weiterhin lahmte.

Julia hakte eine Führleine in Majors Halfter ein und holte ihn aus der Box. Sie führte ihn durch die Scheune. Er schien in Ordnung zu sein, wie sie es erwartet hatte, also brachte sie ihn wieder in seine Box und verschloss die Tür.

Lauras Pferd Basil hatte die Box neben Major. Julia sah auch nach ihm. Es ging ihm gut. Doch mit dem Pferd neben Basil stimmte etwas nicht. Es war Alamo, Noras Pferd.

Julia wusste, dass Noras Reitstunde schon seit mehr als einer Stunde vorüber war, doch ihr Pferd war noch gesattelt und aufgetrenst. Nora würde ihn frühestens in einer Stunde wieder brauchen; es gab also keinen Grund, ihn aufgezäumt und gesattelt im Stall stehen zu lassen, denn eigentlich sollten sich die Pferde in dieser Zeit erholen. Wieder einmal Fred!

Julia überlegte, ob Alamo vielleicht noch einmal geritten werden sollte und deshalb absichtlich noch gesattelt war. Doch als sie Nora das letzte Mal gesehen hatte, war sie gerade abgesessen, hatte Fred die Zügel in die Hand gedrückt und verkündet, vor dem Mittagessen noch schwimmen gehen zu wollen. Oh nein, dahinter steckte bestimmt keine Absicht – nur Faulheit.

Julia tat, was zu tun war. Sie holte Alamo aus der Box, sattelte ihn ab, brachte ihn wieder zurück und trug Sattel und Zaumzeug in die Sattelkammer.

Nachdem sie die Sachen weggeräumt hatte, suchte sie Betty in ihrem Büro auf. Julia hasste Petzer, doch hier ging es um das Wohlergehen der Pferde. Sie erzählte

Betty von der Unordnung in der Sattelkammer und von Alamo.

Betty sagte nicht viel außer „Hm", doch ihre Lippen waren zu einem dünnen Strich zusammengekniffen, und sie sah verärgert aus.

„Danke", sagte sie, und Julia war entlassen.

Julia wusste nicht genau, was Betty dachte. Vielleicht konnte sie Petzer ebenfalls nicht ausstehen. Aber was hätte sie anderes tun sollen – in einem Stall kamen die Pferde nun einmal zuerst!

Bereits am vierten Tag fühlten sich die Mädchen im Ferienlager so wohl, dass sie das Gefühl hatten, schon immer dort gewesen zu sein. Jenny und Laura wurden immer besser darin, schlecht zu sein, und Julia wurde besser darin, gut zu werden, und alle drei hatten eine wundervolle Zeit. Julia und Laura liebten vor allem die Springstunden und Jenny alle Stunden, in denen Phil in ihrer Gruppe war, doch die drei waren alle der Ansicht, dass die frühmorgendlichen Ausritte der beste Teil des Tages waren. Mitreiten konnte jeder, der Lust dazu hatte. Wer nicht mitwollte, sollte die Zeit nutzen, sein Pferd auf dem Reitplatz zu trainieren. Die Ausritte fanden vor dem Frühstück statt, kurz nachdem die Sonne aufgegangen war und der Morgentau noch auf den Wiesen lag. Es waren ungezwungene, fröhliche Ritte, bei denen die Teilnehmer nicht ständig ermahnt wurden, die Fersen tief zu halten, die Schultern zurückzunehmen oder den Kopf hochzuhalten. Diese Ausritte sollten einfach nur Spaß machen – und genau das taten sie!

„Antraben und dann angaloppieren!", rief Ellen, die an der Spitze ritt. Die Pferde wurden schon beim Klang ihrer Stimme munter und waren bereit, ihren Anweisungen zu folgen.

Max sagte seinen Reitern zwar immer, dass Pferde die menschliche Stimme nicht verstehen können und dass sie über Gewichts-, Zügel- und Schenkelhilfen mit ihnen sprechen müssten. Julia hatte allerdings den Eindruck, dass das nicht ganz stimmte. Die meisten Pferde, die sie bisher geritten hatte, kannten die Namen der verschiedenen Gangarten. Sobald Ellen das Wort „Trab" aussprach, trabte Major auch schon, und kurz darauf galoppierte er an.

Das Galoppieren war einfach traumhaft. Major wiegte sie vor und zurück wie ein Schaukelpferd. Der Galopp war zwar wesentlich schneller als der Trab, doch er war weicher.

Julia fühlte sich im Galopp sicherer. Major schien ihre Begeisterung zu spüren und legte an Tempo noch etwas zu, was seinen Galopp noch weicher werden ließ. Julia konnte es nicht verhindern: Sie strahlte über das ganze Gesicht.

Ellen hob die rechte Hand, und die Reiter parierten ihre Pferde erst zum Trab und dann zum Schritt durch. Laura ritt neben Julia.

„Es ist traumhaft, nicht wahr?", fragte Laura.

Julia nickte.

„Genau darum geht es beim Reiten. Ich meine nicht das Galoppieren. Man kann ja nicht immer galoppieren. Was ich meine, ist …"

„Ich weiß", unterbrach Julia. „Beim Reiten geht es um den Spaß, und das hier macht mehr Spaß als alles andere, stimmt's?"

Laura lächelte ihre Freundin an.

Beim Mittagessen an diesem Tag musste Julia feststellen, dass ihr weitere freudige Ereignisse bevorstanden.

„Darf ich um eure Aufmerksamkeit bitten", sagte Barry, während seine Schüler ihren Tunfischsalat vertilgten.

„Oh, jetzt kommt die Überraschung", sagte Phil und lehnte sich zu Jenny und ihren Freundinnen hinüber, um es ihnen zu erklären. „Barry denkt sich zum Ende der ersten Woche im Ferienlager immer etwas Besonderes für uns aus. Im letzten Jahr durften wir in einem nahe gelegenen Stall Military-Reitern beim Training zusehen. Es wäre toll …"

„Und dieses Jahr habe ich etwas ganz anderes geplant", sagte Barry. „Wir werden morgen nach dem Frühstück zu einem Zweitagesritt aufbrechen und kommen übermorgen Nachmittag zurück. Bitte sorgt dafür, dass eure Pferde richtig ausgerüstet sind und dass ihr genug ..."

Barry sprach noch lange weiter. Er erwähnte unzählige Dinge, die sie vor dem Aufbruch beachten mussten. Die Mädchen dachten an ihren letzten Ausritt mit Übernachtung, den sie unternommen hatten, kurz nachdem Julia nach Pine Hollow gekommen war. Der Ritt war fantastisch gewesen, und sie waren sicher, dass es der kommende auch sein würde.

„Schlimmer wird's wohl nicht!", knurrte jemand. Es war Debbie.

„Was stört dich an einem zweitägigen Ritt?", wollte Laura wissen.

Debbie verzog angewidert das Gesicht. „Zwei Tage? Ausgerechnet jetzt, wenn wir uns auf ein Turnier vorzubereiten haben! Das Einzige, was mir jetzt noch fehlt, sind ..."

„Reiterspiele!", verkündete Barry. „Morgen nach dem Abendessen werden wir Mannschaften bilden und ein kleines Spiele-Turnier veranstalten!"

Diese Ankündigung wurde von vielen mit Beifall bedacht. Allerdings nicht von Debbie, und auch nicht von

Elsa. Den Sattelclub-Mädchen jedoch war es egal, was diese beiden Miesepeter dachten. Sie hatten sehr hart an ihren reiterlichen Fähigkeiten gearbeitet und freuten sich jetzt, sie bei Reiterspielen unter Beweis stellen zu können.

7

Laura zog Basils Sattelgurt stramm und überprüfte die Länge der Steigbügelriemen. Normalerweise hatten die Riemen die richtige Länge, wenn sie ungefähr ebenso lang waren wie der Arm des Reiters. Außer Laura hätte eigentlich keiner Basils Sattel benutzen dürfen, doch sie sah schon auf den ersten Blick, dass jemand die Steigbügel verstellt hatte. Fred natürlich, dachte sie und schnallte die Riemen zwei Löcher kürzer.

Eigentlich war Laura ganz froh, noch mit dem Sattelzeug zu tun zu haben, denn direkt neben Basil nahm ein Drama seinen Lauf. Solange sie eine Ausrede zum Bleiben hatte, konnte sie es in vollen Zügen genießen.

„Es geht mir gar nicht gut, Barry", jammerte Debbie. Laura, die sich unter Basils Bauch bückte, um den Gurt glatt zu streichen, sah Debbies aufgesetzte Leidensmiene.

„Wo hast du denn Beschwerden?", fragte Barry ungeduldig.

„Hier ungefähr", sagte sie und zeigte vage in Richtung

ihres Körpers. Laura fand, das wirkte noch unechter als ihre letzte Bemerkung.

„Warst du schon bei der Krankenschwester?", wollte Barry wissen.

„Nein, aber ich hatte das schon öfter. Es wird in ein oder zwei Tagen vorbei sein."

Laura vermutete, dass Barry nur wenig gegen Debbies merkwürdige Beschwerden tun konnte, und der Ansicht war er offenbar auch. Er trug ihr auf, ihr Gepäck wieder in die Hütte zu bringen. Sie durfte im Lager bleiben. Laura konnte ihr zufriedenes Grinsen bewundern, als sie sich auf den Weg zur Hütte machte. Sie hätte einen Sattel gegen einen Steigbügel verwettet, dass Debbie schon in einer Stunde wieder putzmunter sein und auf ihrem Pferd sitzen würde, um den ganzen Tag allein für das Turnier zu trainieren. Aber vielleicht würde sie gar nicht allein sein?

„Barry, kann ich dich sprechen?" Es war Elsa. Es stellte sich heraus, dass sie unerklärliche Schmerzen im rechten Ohr hatte. Sie vermutete nicht, dass es etwas Ernstes wäre, aber sie könnte sich daran erinnern, dass sie diese Schmerzen schon einmal gehabt hätte und nach nur wenigen Stunden furchtbar krank gewesen wäre. Unter diesen Umständen wäre es doch bestimmt vernünftiger, auf den geplanten Ausflug zu verzichten, das meinte Barry doch auch, oder etwa nicht?

Das meinte Barry keineswegs. Er wurde so laut, dass Laura unmöglich überhören konnte, dass er mittlerweile genug hatte von Debbies und Elsas Spielchen. Andererseits vermutete Laura, dass er auch Elsa erlauben würde, im Ferienlager zu bleiben, denn sie und Debbie verdienten einander genauso, wie die übrigen Gäste verdient hatten, zwei Tage von ihnen verschont zu bleiben.

Wie Laura vermutet hatte, sagte Barry Elsa, dass sie im Lager bleiben dürfte. Wie Debbie hatte auch Elsa ein triumphierendes Grinsen auf dem Gesicht, als sie zur Hütte zurückging.

Laura hätte zu gern die Gesichter der beiden gesehen, wenn sie merkten, dass sie es beide geschafft hatten, sich vor dem Ausflug zu drücken.

Laura war jetzt zufrieden mit ihrer Steigbügellänge, kontrollierte noch einmal die Packtaschen und saß auf. Es war nun Zeit für den Aufbruch. Sie schaute sich nach ihren Freundinnen um. Sie konnte es kaum erwarten, ihnen die wundervolle Nachricht über Debbie und Elsa zu erzählen.

„Mehr als vierundzwanzig Stunden reiten – ist das nicht einfach toll?", fragte Julia, als die Gruppe durch ein kleines Wäldchen ritt.

„Allerdings, und das Beste daran ist, dass die beiden eingebildeten Ziegen nicht dabei sind", bestätigte Laura. „Das werden zwei herrliche Tage."

„Schade ist nur, dass ich dadurch eine Springstunde versäume", sagte Julia.

Lauras Augen leuchteten. Das bedeutete, dass sie eine Idee hatte. Es war eine ihrer Lieblingsbeschäftigungen, ihre großen reiterlichen Kenntnisse ihren Freundinnen mitzuteilen, die dies auch meistens zu schätzen wussten. Wenn Laura eine Möglichkeit sah, wie sie auf dem Ritt das Springen üben konnte, war Julia gern bereit, ihr zuzuhören.

„Ich glaube, Barry wird uns gleich antraben lassen", sagte Laura. „Nimm doch einfach den Springsitz ein. Es ist zwar nicht dasselbe wie die Arbeit über Cavalettis, aber es ist auch wichtig."

Natürlich, dachte Julia. Ellen, die den Springunterricht erteilte, hatte immer wieder betont, wie wichtig ein korrekter Springsitz war. Dabei erhob man sich leicht aus dem Sattel und neigte den Oberkörper so weit nach vorn, dass der Rücken parallel zum Pferdehals war. In diesem Sitz konnte man über einem Hindernis sein Gleichgewicht halten und den Aufprall bei der Landung mit den Knien abfedern. Den Springsitz zu beherrschen, war unheimlich wichtig, und deshalb war es nur sinnvoll, ihn so oft wie möglich zu üben. Julia hob ihr Gesäß aus dem Sattel, neigte den Oberkörper nach vorn und hielt die Hände beiderseits des Pferdehalses.

„Sehr gut", lobte Laura. „Aber vergiss nicht, die Fersen tief zu halten und die Hände fest aufzustützen."

Der an der Spitze reitende Barry hob die Hand, um einen Tempowechsel anzukündigen. Ein paar Sekunden später trabte die ganze Gruppe. Sehr zu Julias Überraschung folgten alle anderen Reiter ihrem Beispiel und nahmen den Springsitz ein. Wie es schien, waren Debbie und Elsa nicht die einzigen ehrgeizigen Reiter im Ferienlager. Auch von den anderen wollte keiner zulassen, dass ein Einzelner womöglich mehr trainierte als er selbst. Julia wusste nicht, ob sie diese Einstellung zum Lachen oder zum Weinen finden sollte. Doch da Laura direkt neben ihr ritt, sahen die beiden sich nur an und lachten. Das war besser als zu weinen.

Als sie wieder zum Schritt durchparierten, gab Laura Julia weiterhin Unterricht. Sie war die geborene Lehrerin. Sie wusste sehr viel über Pferde und Reiten, und sie teilte ihr Wissen gern mit anderen. Manchmal ging sie ihren Freundinnen damit etwas auf die Nerven, doch diesmal hielten zwei Dinge Julias Interesse wach. Zum einen war alles, was Laura ihr erzählte, absolut richtig, und zum anderen lauschten auch alle anderen Reiter in Hörweite fasziniert jedem Wort, das Laura von sich gab. Das war nicht nur komisch, es war zum Piepen.

Jenny, die neben Phil ritt, war nahe genug, um zu sehen, was vor sich ging. Julia stellte fest, dass auf Jennys Gesicht ihr berühmtes schalkhaftes Lächeln lag, und wusste, dass sie etwas Lustiges vorhatte.

„He, Laura!", rief Jenny und spornte ihr Pferd an, um neben die beiden zu kommen. „Hat Julia wieder Probleme mit ihrem Sitz? Komm, ich helfe ihr!"

Jetzt ging der Spaß erst richtig los. Jenny wies Laura an, auf der anderen Seite von Julia zu reiten, damit sie beide ein wachsames Auge auf sie haben konnten. In Wirklichkeit jedoch konnte sie die anderen Reiter so besser beobachten.

Dann begann Jenny, Julia mit lautstarken Anweisungen zu bombardieren, die jedoch alle falsch waren. Die anderen Reiter befolgten sie bis ins Detail. Schon nach wenigen Minuten hatte Jenny sie alle so weit, dass sie auf dem hinteren Sattelrand saßen, die Arme in Schulterhöhe steif ausgestreckt hielten und die Beine gerade nach vorn streckten.

Barry drehte sich um, um seine Gruppe zu kontrollieren. Er staunte nicht schlecht, als er feststellen musste, dass all seine Reiter, mit Ausnahme der drei Sattelclub-Mitglieder, auf ihren Pferden saßen wie Zombies!

„Seid ihr jetzt alle verrückt geworden?", schnauzte er. „Setzt euch sofort vernünftig hin! Wir wollen ein Stück galoppieren."

Julia hoffte nur, dass das Geräusch der Pferdehufe das Kichern der Sattelclub-Mädchen übertönen würde.

„Worum ging es dabei eigentlich?", fragte Phil Jenny, als sie wieder an seiner Seite auftauchte.

„Ach, nur ein kleiner Scherz", antwortete sie verlegen, denn schließlich hatte auch er ihre verrückten Anweisungen befolgt.

„Was denn für ein Scherz?", bohrte er weiter.

„Wegen dieses dummen Turniers", erklärte sie. „Selbst ohne Elsa und Debbie scheint jeder dem anderen nachzuspionieren. Deshalb dachte ich, ich gebe ihnen etwas für ihre Mühe. Es war doch unheimlich komisch!"

„Für dich vielleicht", stellte Phil fest.

Eine ganze Weile sprach danach keiner von beiden. Jenny tat es Leid, Phil veralbert zu haben, aber andererseits war es seine eigene Schuld, dass er ihre dummen Anweisungen befolgt hatte. Erst nach etwa fünf Minuten, die Jenny wesentlich länger vorkamen, machte er ihr ein Friedensangebot.

„Ich habe eine Tüte Bonbons mit", sagte er. „Wollen wir uns heute Abend fortschleichen, wenn alle in ihren Zelten sind, und ein kleines Picknick veranstalten?"

Jenny grinste und nickte. „Klar, ich bin dabei", sagte sie, froh, dass er nicht länger beleidigt war.

Die Sattelclub-Mädchen wussten genau, was sie nach der Ankunft am Lagerplatz zu tun hatten. Die Hauptregel von Pine Hollow war: Erst das Pferd und dann der Reiter. Sie saßen ab, nahmen ihren Pferden Sattel- und Zaumzeug ab und führten sie zum nahe gelegenen Fluss, um sie dort zu tränken. Dann mussten die Tiere geputzt werden und Heu bekommen, danach wurden sie noch einmal getränkt und bekamen schließlich als Letztes eine Portion Hafer, den Helfer bereits mit dem Wagen zum Lagerplatz gebracht hatten. Dann würden die Reiter ihr Sattelzeug kontrollieren und es für die Nacht verstauen. Erst danach konnten sie anfangen, ihr Lager aufzubauen. Es war so einfach – und doch so kompliziert.

„Ich kann den Sattel nicht tragen."

„Ich muss erst einmal etwas essen."

„Ich weiß nicht, wie man das macht."

„Kann Fred das nicht machen?"

„Ich habe Ferien und bin hier, um zu reiten, und nicht, um zu arbeiten!"

Und so weiter und so weiter. Die Sattelclub-Mädchen waren ziemlich entsetzt über ihre Mitreiter. Einige von ihnen gaben sich redliche Mühe, ihre Pferde selbst abzusatteln, aber die meisten anderen schienen der Ansicht zu sein, dass alles außer dem eigentlichen Reiten unter ihrer Würde war. Jenny, Julia und Laura waren von Max hervorragend ausgebildet worden. Kein Teil der Pferdepflege war unter der Würde eines guten Reiters. Geduldig halfen die Mädchen den anderen bei ihrer Arbeit. Sie ernteten kaum Dank, dafür aber umso mehr überraschte Blicke.

Laura half den anderen beim Absatteln der Pferde, Julia übernahm das Füttern und Tränken und Jenny das Putzen. Es stellte sich heraus, dass Jenny den Titel „Meister im Hufeauskratzen" verdiente.

„Drei Steine!", verkündete sie stolz, als das dritte Steinchen aus dem Huf eines Pferdes fiel. Ihre Freundinnen klatschten Beifall, doch die anderen Reiter schauten verständnislos zu.

Als Fred den Heuballen zur Koppel brachte, kniff Julia den Draht durch und begann, pferdegerechte Portionen abzuteilen. Doch irgendetwas stimmte nicht, und sie wusste auch sofort, was es war. Das Heu roch genauso muffig wie der verschimmelte Ballen, der ihr im Ferienlager aufgefallen war.

„Fred, ich glaube, das Heu ist nicht in Ordnung", sagte sie. Fred zuckte mit den Achseln und ging weg.

Julia konnte den Pferden nichts von diesem Heu geben. Sie würden mit Sicherheit krank werden. Ein Pferd mit einer Kolik war schon schlimm genug, aber eine ganze Koppel voll wäre einfach eine Katastrophe. Sie brachte einen der Jungen dazu, ihr zu helfen. Gemeinsam trugen sie das verdorbene Heu auf eine kleine Lichtung und breiteten es auf dem Waldboden aus, wo es allmählich trocknen würde und vor allem außer Reichweite der Pferde war. Dann holten sie einen neuen Ballen und versorgten die Pferde in der behelfsmäßig eingezäunten Koppel mit Heu.

Barry und Betty waren mit der Verteilung des Kraftfutters beschäftigt. Julia wollte sie dabei nicht stören, nur um ihnen von Freds neuestem Fehler zu erzählen. Außerdem war sie auch nicht sicher, ob sie das überhaupt tun sollte. Schließlich war niemandem etwas passiert. Sie beschloss, noch einmal darüber nachzudenken, doch ihre Gedanken wurden wieder einmal von empörten Reiterinnen unterbrochen.

„Mir ist es egal, was Barry sagt, aber ich werde bestimmt nicht für sämtliche Lagerfeuer Holz sammeln. Schließlich werde ich nur an einem Feuer sitzen, also werde ich auch nur für ein Feuer sammeln!"

„Für mich gilt genau dasselbe!", verkündete das andere Mädchen. Endlich einmal gab es zwei, die einer Meinung waren!

Julia kehrte zum Lagerplatz zurück und half beim Aufschlagen der Zelte. Zu guter Letzt hatten auch alle anderen ihre Pflichten erfüllt, und die Mädchen konnten sich den Lagerplatz genauer ansehen.

Der Platz war gut gewählt, und die Zelte standen unter hohen Fichten. Laura zeltete gern in Fichtenwäldern, denn die dicke Nadelschicht polsterte den Boden, was zum Schlafen natürlich sehr angenehm war. Das

Gelände war jedoch auch offen genug, dass nicht die Gefahr eines Feuers bestand. Die Mädchen lehnten sich an die Stämme dicht stehender Bäume, schauten nach oben und betrachteten den klaren blauen Himmel über sich. Sie aßen früh zu Abend, um vor dem Dunkelwerden noch genug Zeit für die Reiterspiele zu haben.

„Die Leute hier gehen mir wirklich auf die Nerven", sagte Laura, schaufelte sich den ersten Löffel Eintopf in den Mund und spülte mit einem Schluck Fruchtsaft nach. „Arbeiten will keiner, aber gut haben wollen sie es alle."

Jenny und Julia konnten ihr nur zustimmen.

„Unter dieser Krankheit scheint sogar Phil manchmal zu leiden", sagte Jenny, und Laura und Julia waren überrascht von ihrer Offenheit.

Den Rest ihres Abendessens verzehrten die Mädchen schweigend. Zum einen waren sie zu müde, um sich zu unterhalten, und zum anderen schien es nichts zu geben, worüber sie sprechen mussten. Es war schon alles gesagt, und jede von ihnen wusste, dass es Ärger geben würde.

8

Das erste Reiterspiel, das Barry für sie ausgesucht hatte, war „Folge-dem-Anführer". Wohlweislich hatte er Jenny zur Anführerin bestimmt. Niemand anders konnte auf einem Pferd so viele verrückte Sachen machen. Das einzige Problem war, dass Jenny den anderen als allererstes die alberne Haltung vormachte, zu der sie sie bereits am Nachmittag verführt hatte. Laura und Julia bekamen einen Lachkrampf und schafften es deshalb nicht, ebenfalls diese Haltung einzunehmen.

„Ihr beide scheidet aus!", rief Barry ihnen zu.

Die beiden ritten an den Rand des Platzes und schauten den anderen zu. Jenny ließ ihre Mitreiter im Schneidersitz und verkehrt herum im Sattel sitzen – natürlich standen die Pferde bei diesen Übungen still. Sie versuchte auch, seitwärts im Sattel zu sitzen, aber ohne Damensattel war das so schwierig, dass sie beinahe heruntergefallen wäre. Phil und ein anderer Reiter schafften es nicht – sie rutschten herunter und mussten sich zu Laura und Julia gesellen.

Gegen Ende des Spiels übernahm Barry selbst die Rolle des Anführers, doch Laura und Julia fanden, dass Jenny lustigere Ideen gehabt hatte. Aber es machte ihnen auch so großen Spaß.

Als Nächstes spielten sie Fangen, doch jeder, der es schaffte, Holz, zum Beispiel einen Baum, einen Zaunpfahl oder ein Koppeltor zu berühren, war vor dem Fänger sicher. Allerdings mussten die Reiter jedes Mal, wenn Barry pfiff, ihr Holz loslassen und sich einen anderen hölzernen Gegenstand suchen.

„Das ist super!", stieß Julia hervor, während sie im Galopp mit Laura den Baum tauschte, Nora dicht auf den Fersen.

„Und auch eine gute Übung!", erwiderte Laura und streckte den Arm aus, um den Baum zu berühren, doch sie war nicht schnell genug.

„Du bist dran!", verkündete Nora.

Julia beobachtete Laura und stellte fest, dass sie Recht hatte. Dieses Spiel war wirklich eine ausgezeichnete Übung. Sie musste genaue Hilfen geben, um ihr Pferd möglichst schnell zum nächsten Baum zu steuern. Laura hatte Glück, sie war eine so gute Reiterin, dass sie nur für kurze Zeit der Fänger sein musste. Es dauerte nicht lange, und sie hatte Julia erwischt.

Auf dieses Spiel folgte ein anderes, das noch mehr Geschicklichkeit von den Reitern verlangte, denn jeder,

der vom Fänger erwischt worden war, musste sein Pferd ganz still stehen lassen.

Alle konzentrierten sich so sehr, dass sie kaum merkten, wie die Sonne unterging und es allmählich dämmrig wurde.

„Zeit zum Aufhören", rief Barry. „Führt eure Pferde herum, bis sie sich beruhigt haben, dann absatteln, tränken und Heu geben. Wir treffen uns in einer halben Stunde am Lagerfeuer zu den Gespenstergeschichten. Jeder, der möchte, kann eine Gruselgeschichte erzählen, aber die Hauptfigur muss ein Pferd sein!"

Glücklich und müde versorgte Laura, die sich auf einen ruhigen Abend am Lagerfeuer freute, ihr Pferd Basil und half dann Julia, Majors Sattelzeug wegzuräumen.

„Warte nur, bis Barry die Geschichte vom Werpferd hört!", sagte Laura. „Das hört sich an, als wäre es eine Geschichte von Jenny", stellte Julia fest.

„Ja, da hast du Recht", stimmte Laura zu. „Da wir gerade von Jenny sprechen – hast du sie irgendwo gesehen?"

Julia hängte Majors Trense über seinen Sattel. „Allerdings habe ich sie gesehen – oder, genauer gesagt, ihren Rücken. Ich glaube, sie und Phil werden deine Geschichte vom Werpferd verpassen. Wahrscheinlich müssen wir auch wieder für sie schwindeln."

„Wozu hat man Freunde?", erwiderte Laura. Sie streichelte Basil zum Abschied. Dann legte sie Julia einen Arm um die Schultern. „Also, da war dieses Werpferd, und es verliebte sich in eine Vampirstute ..."

Jenny überlegte, ob sie sich wohl je daran gewöhnen würde, beim Gehen Phils Hand zu halten. Zum Spazierengehen im Wald war es nicht gerade praktisch, hintereinander zu gehen, wäre viel sinnvoller –, aber so machte es mehr Spaß.

„Hast du die Bonbons mitgebracht?", fragte Jenny.

„Ach – ich habe sie vergessen. Wie blöd von mir!"

„Das macht nichts, ich bin noch satt vom Abendessen."

„Ja, ich auch. Wahrscheinlich habe ich deshalb nicht daran gedacht, sie mitzunehmen."

Phil lächelte. Es war wieder dieses Lächeln, das Jennys Knie weich werden ließ.

„Wollen wir uns nicht irgendwo hinsetzen?", fragte sie in der Hoffnung, einen Sitzplatz zu finden, bevor ihre Knie endgültig nachgaben. Nicht, dass sein Lächeln so umwerfend gewesen wäre, aber ein ganzer Tag im Sattel hatte ihre Standfestigkeit doch ein wenig erschüttert.

„Ich glaube, hier ist eine Lichtung", sagte Phil. Die beiden konnten kaum etwas sehen. Sie befanden sich tief im Wald, und der Himmel über ihnen war bedeckt, doch direkt vor ihnen war offensichtlich ein kleiner freier Platz. Vorsichtig ließ sich Jenny auf dem Waldboden nieder. Phil setzte sich ihr gegenüber und nahm ihre Hand. Sie erschauerte nicht länger, wenn er das tat, fand es aber immer noch aufregend.

„Müde?", fragte er.

„Ein bisschen", gab sie zu. „Ich reite ja gern, aber Barrys Programm hat es wirklich in sich!"

„Zu viel für den berühmten Sattelclub?", neckte Phil sie.

Jenny gefiel sein Ton überhaupt nicht. Phil bedeutete ihr zwar sehr viel, aber der Sattelclub ebenfalls, und es ärgerte sie, dass er darüber spottete.

„Der Sattelclub besteht aus meinen beiden besten Freundinnen und mir", sagte Jenny leicht gereizt. „Wir haben in der Vergangenheit einige gute Sachen zusammen auf die Beine gestellt, und ich denke, du wirst uns auch in Zukunft in Aktion erleben können."

„Tatsächlich?", fragte Phil neugierig.

„Allerdings", bekräftigte Jenny sofort. „Und für den Fall, dass du es noch nicht weißt – wir arbeiten in diesem Augenblick an mehreren Projekten!"

„Was, auch hier mit mir?"

„Nein, so meinte ich es nicht. Ich meinte nur, dass wir zurzeit einen bestimmten Plan verfolgen. Er hat mit dem

Reiten zu tun, dem Turnier am nächsten Wochenende und mit einigen unserer Mitreiter, die sich einbilden, sie würden beim Turnier jede Prüfung gewinnen."

„Wie ich zum Beispiel?"

„Wie bitte?", erwiderte Jenny überrascht. „Du meinst, du bildest dir ein, alles gewinnen zu können?"

„Klar, oder ist hier irgendjemand, der mich schlagen könnte?", fragte Phil.

Darüber musste Jenny erst einmal nachdenken. Es war zu dunkel, um Phils Gesicht zu sehen, aber es hörte sich an, als meinte er es ernst. Sie wäre nie auf die Idee gekommen, dass Phil so denken könnte. Er war ein recht guter Reiter – erfahren und sicher –, aber ein Sieger? Nein, sie war besser als er.

„Ich frage dich", wiederholte er, „glaubst du wirklich, dass du und deine Freundinnen mich schlagen können?"

Einer von Jennys größten Fehlern war, dass sie oft mit ihrer Meinung herausplatzte, ohne vorher lange darüber nachzudenken.

„Natürlich können wir dich schlagen", sagte sie mit Überzeugung.

„Und wovon träumst du nachts?", fragte er erbost. Jenny war wütend. Wie konnte er sich einbilden, so gut zu reiten wie sie? Er war fast so gut wie sie, aber nicht besser, und er war auf keinen Fall besser als Laura.

„Du spinnst wohl", fauchte sie Phil an. „Der Sattelclub wird jeden Reiter in diesem Ferienlager hier besiegen, auch dich."

Jenny stand auf. Phil erhob sich ebenfalls.

„Ich ...", begann er, doch Jenny ließ ihn nicht ausreden. Es interessierte sie nicht, was er zu sagen hatte. Wenn er glaubte, besser zu sein als sie, konnte er gern den Rest des Abends allein mit diesem wundervollen Gedanken verbringen.

„Ich sehe dich dann morgen früh", verkündete sie kühl, machte auf dem Absatz kehrt und stapfte durch den Wald. Zweige schlugen ihr ins Gesicht, doch sie spürte es nicht. Einmal fiel sie beinahe über eine Wurzel, doch auch das merkte sie kaum. Eine dornige Ranke riss an ihrem Pullover, doch das war ihr egal. Einen Augenblick lang meinte sie, Phil hätte ihren Namen gerufen.

„Besser als ich? Wohl kaum!", sagte sie zu sich selbst. „Besser als Laura? Niemals!"

Sie sprach die ganze Zeit mit sich selbst, während sie durch den Wald stürmte.

Der Wald kam ihr völlig fremd vor, doch sie erinnerte sich daran, dass der Lagerplatz in einem Tal lag und dass Phil und sie die ganze Zeit über bergauf gegangen waren. Nach wenigen Minuten entdeckte sie auch schon die flackernden Lagerfeuer. Unbemerkt schlüpfte sie in das Zelt, das sie mit Laura und Julia teilte. Sie zog ihren

Schlafanzug an und schlüpfte in den Schlafsack. Sie war jedoch zu aufgewühlt, um zu schlafen.

Sie hörte ihre Freundinnen draußen sprechen.

„... und dann sagte das Werpferd zur Vampirstute: ‚Keine Angst, mein Bellen ist schlimmer als mein Beißen', und die Vampirstute antwortete: ‚Das ist komisch, bei mir ist es genau umgekehrt!'"

Jenny hörte das Lachen der anderen, doch ihr selbst war nicht nach Lachen zu Mute. Im Moment konnte sie überhaupt nichts komisch finden, abgesehen von dem Gedanken, dass sich Phil, der Super-Spitzenreiter, der sich einbildete, alle Wettbewerbe zu gewinnen, vielleicht im Wald verlaufen würde. Und das ist doch irgendwie beruhigend, dachte Jenny und schlief endlich ein.

9

„Sollte es etwa Ärger im Paradies gegeben haben?", fragte Julia Jenny so beiläufig wie möglich. Sie befanden sich auf dem Rückritt nach Moose Hill, und zum ersten Mal seit Tagen war Phil nirgends in Sicht.

„Wie kommst du darauf?", erwiderte Jenny.

„Hat es etwas mit deinem versteinerten Gesichtsausdruck zu tun", sagte Laura. „Der ist nämlich das perfekte Gegenstück zu dem eines gewissen Jungen, was du aber sicher nicht wissen wirst, weil du ihn den ganzen Tag noch nicht einmal angesehen hast."

„Von wem sprichst du denn?", fragte Jenny ungeduldig. Ihre Freundinnen verstanden die Botschaft.

„Oh, wie schön!", stellte Julia betont fröhlich fest. „Es sieht ganz so aus, als wäre die gute alte Jenny wieder da!"

Jenny starrte missmutig vor sich hin. Sie war eindeutig nicht zum Scherzen aufgelegt. Julia und Laura beschlossen, sie in Ruhe zu lassen.

Julia fand es schade, nach Moose Hill zurückkehren

zu müssen. Sie hatte den zweitägigen Ausflug sehr genossen und dank Laura viel gelernt.

„Da wir heute wieder die Springstunde verpasst haben", sagte Julia, „wollte ich fragen, ob du mir heute Nachmittag, wenn wir frei haben, Springunterricht über Cavalettis und niedrige Hindernisse geben würdest?"

„Na klar!", erwiderte Laura begeistert. Sie freute sich darauf, Julia zu unterrichten. „Ich glaube, du hast gute Aussichten auf eine Platzierung in der Anfänger-Springprüfung beim Turnier. Meinst du nicht auch, Jenny?"

„Ich will nicht über das Turnier sprechen", knurrte Jenny.

Julia und Laura waren überrascht. Was immer mit Jenny nicht stimmte, es hatte nicht nur mit Phil zu tun. Aber ihnen war auch klar, dass sie nichts erfahren würden, bevor Jenny bereit war, darüber zu sprechen. Und bis dahin gingen sie ihr am besten aus dem Weg.

Julia hatte die unbestimmte Hoffnung gehegt, dass der Spaß, den die Reiter im Zeltlager, bei den Reiterspielen und den albernen Gruselgeschichten hatten, dazu beitragen würde, die allgemeine Stimmung im Ferienlager zu heben und die Einstellung der Reiter zur Pflege ihrer Pferde zu verbessern. Sie hatte sich geirrt.

Die Pferde waren kaum in der Scheune, als die Reiter auch schon anfingen, sich um die besten Plätze zum Absatteln zu zanken.

Die besten Plätze waren die, die der Sattelkammer am nächsten waren und von denen man das Sattelzeug nicht so weit zu tragen brauchte.

Alle waren missgelaunt und egoistisch. Keiner hatte Lust, sein Pferd zu versorgen, geschweige denn, anderen zu helfen.

So sollte es beim Reiten nicht sein, dachte Julia ärgerlich. Freunde halfen einander und hatten Spaß an der gemeinsamen Arbeit. Zumindest kannte sie es so vom Sattelclub. Warum wollten die anderen das nicht einsehen? Warum konnten sie nicht zusammenarbeiten?

Das Ganze wurde noch komplizierter dadurch, dass sich für den nächsten Morgen der Schmied angesagt hatte. Barry hatte es allen angekündigt. Die meisten Pferde brauchten etwa einmal im Monat neue Hufeisen. Ein paar von Barrys Pferden mussten frisch beschlagen werden, und er hatte alle Reiter gebeten, Hufe und Beschlag ihrer Pferde besonders genau zu prüfen. Alle Pferde, die zum Schmied mussten, sollten über Nacht in den Boxen in der Scheune bleiben. Der Schmied würde schon früh am Morgen kommen und wahrscheinlich bis Mittag fertig sein.

Julia sattelte Major ab, holte ihm einen Eimer Wasser

und führte ihn dann nach draußen, um ihn in der Sonne putzen zu können. Sie begann mit der Kontrolle der Hufe.

In Majors linkem Vorderhuf hatte sich eine Menge Schmutz festgesetzt, doch er ließ sich mit dem Hufkratzer leicht entfernen. Sie klopfte auf das Hufeisen. Es saß fest. Beim linken Hinterhuf hatte sie nicht so viel Glück. Auch hier war das Säubern kein Problem, doch als sie auf das Hufeisen klopfte, fiel es ab. Das bedeutete, dass Major die Nacht im Stall verbringen musste, um am nächsten Tag neue Eisen zu bekommen. Und was noch schlimmer war, vielleicht würde er bis zu ihrer Springstunde noch nicht fertig beschlagen sein. Julia seufzte.

Als Julia den rechten Vorderhuf aufhob, musste sie feststellen, dass Major an diesem Huf überhaupt kein Eisen mehr trug. Er musste es auf dem Heimritt verloren haben. Es bestand kein Zweifel: Major musste auf alle Fälle neu beschlagen werden. Und bis das geschehen war, konnte Julia ihn nicht reiten. Sie hoffte nur, dass Laura ihr für den Unterricht heute Abend Basil leihen würde.

Julia putzte Major, räumte das Putzzeug weg und führte ihn in den Stall. Als sie ihn mit frischem Heu versorgte, fiel ihr plötzlich wieder ein, dass sie Barry von dem verdorbenen Heu erzählen wollte, das Fred auf ihren Ausflug mitgenommen hatte. Sie machte sich in der Scheune auf die Suche nach Barry. Sie fand ihn auch, aber er war sehr beschäftigt. Er diskutierte mit Debbie, die von ihrer mysteriösen Krankheit offensichtlich vollständig genesen war. „Du hast aber gesagt, beim Turnier würde fair gerichtet!", keifte sie.

„Das stimmt auch", erwiderte Barry, der sich Mühe gab, ruhig zu bleiben.

„Aber wie kann es fair sein, wenn die Mutter einer Teilnehmerin wertet?", fragte Debbie herausfordernd.

„Sie ist eine sehr gute Richterin", betonte Barry. „Sie hat schon alle möglichen Prüfungen gerichtet, darunter sogar nationale Turniere."

Je länger Julia zuhörte, desto mehr erfuhr sie. Eine der Richterinnen beim Turnier würde also Elsas Mutter sein. Kein Wunder, dass Debbie sich so aufregte! Diese Neuigkeit würde sie vielleicht wirklich krank machen! Andererseits war es auch nicht gerade großartig für das neueste Projekt des Sattelclubs, dass Elsas Mutter Richterin beim Turnier sein würde, aber das war egal. So sehr es sie freuen würde, wenn der Sattelclub möglichst viele Schleifen errang und gewissen Leuten eine Lektion erteilte, hatte sie doch von Laura gelernt, dass es beim Reiten allein darum ging, so viel zu lernen, dass es Spaß machte.

In jedem Fall aber war dies nicht der richtige Zeitpunkt, mit Barry zu sprechen, und Ellen war nirgends zu sehen. Also beschloss sie, ihre Satteltaschen auszupacken, einen Badeanzug anzuziehen und dann auszuprobieren, wie warm das Wasser im See war.

„Jenny?"

Jenny schaute nicht auf. Sie brachte gerade Topsides Fell auf Hochglanz. Sie wusste genau, wer sie angesprochen hatte. Sie wollte jedoch nicht mit ihm sprechen.

„Bist du da?"

„Hm."

„Teddy schont ein Vorderbein. Er lässt es mich nicht untersuchen. Kannst du ihm helfen?"

Damit saß Jenny in einer Zwickmühle. Sie war immer noch stinkwütend auf Phil und würde keinen Finger rühren, um ihm zu helfen. Aber Teddy zu helfen, war etwas ganz anderes. Es wäre gemein, Teddy leiden zu lassen, nur weil sie sich über seinen Besitzer geärgert hatte. Außerdem hatte Phil sie gefragt, ob sie Teddy helfen würde, also beschloss sie, es zu tun.

„Du kannst am besten Steine herausholen. Ich glaube, er hat einen Stein im Huf. Ich hoffe zumindest …"

„Ich werde es mir ansehen", unterbrach ihn Jenny. Sie legte ihr Putzzeug weg und schaute zum ersten Mal hoch. Phil hatte Teddy ganz in der Nähe von Topside angebunden. Sie griff in ihren Putzkasten, nahm den Hufkratzer heraus und ging zu seinem Pferd.

Jenny sah sofort, dass das Problem im linken Vorderhuf lag. Ein Pferd, das entspannt ist, entlastet vielleicht einen Hinterhuf, indem es nur die Hufspitze auf den Boden stellt, doch wenn es einen Vorderhuf längere Zeit nicht belastet, hat es mit Sicherheit Schmerzen.

Jenny streichelte Teddy und sprach beruhigend auf ihn ein. Sie wollte ihn auf keinen Fall erschrecken.

„Er war in Ordnung, als ich ihn geritten habe. Ich hätte es bestimmt gemerkt, wenn er gelahmt hätte. Er muss sich den Stein auf dem Weg in die Scheune eingetreten haben. Ist das nicht merkwürdig?"

Jenny grunzte nur. Sie sprach ausschließlich mit Teddy. „Schon gut, mein Junge. Ich werde dir nicht wehtun. Keine Sorge; sei brav und lass mich mal nachsehen."

Sie ließ ihre Hand an seinem Bein heruntergleiten, drückte leicht mit ihrer Schulter gegen seine und nahm den Huf hoch.

„Wie hast du denn das geschafft?", fragte Phil verblüfft. Jenny gab sich nicht die Mühe, ihm zu antworten. Da Phil ja bekanntlich ein Meisterreiter war, brauchte er von ihr sicherlich keine Pflegetipps.

Vorsichtig drückte sie die Hufunterseite ab und entfernte allen Schmutz. Sie konnte nichts Ungewöhnliches entdecken, doch als sie auf das Hufeisen klopfte, zuckte

Teddy zusammen. Sie sprach ihm gut zu, denn das war die beste Art, ein Pferd zu beruhigen, und Teddy hatte den beruhigenden Zuspruch wirklich nötig. Für Phil galt zwar dasselbe, doch mit ihm wechselte Jenny kein Wort.

„Du hast dir etwas eingetreten, nicht wahr, mein alter Junge?" Sie schob die Spitze des Hufkratzers unter das Hufeisen. „Ah, da sitzt etwas. Keine Sorge, das bekommen wir heraus." Was immer es war, Jenny konnte es mit dem Hufkratzer nicht herausbekommen. Also nahm sie das nächstbeste – ihren Finger. Sie tastete sich vor, bis sie den Stein fühlen konnte, und drückte ihn dann langsam und vorsichtig heraus. Jedes Mal, wenn sich der Stein bewegte, zuckte Teddy zusammen. Es tat Jenny sehr Leid, ihm wehzutun, doch wenn sie den Stein nicht herausbekam, würde er noch viel größere Schmerzen haben.

„Jetzt ist es gleich vorbei. Nur noch einen Augenblick. Sei schön brav und halt still, ja?"

Mit einem letzten Ruck holte Jenny den Stein unter dem Hufeisen hervor. Er fiel auf den Boden der Scheune, und Jenny hob ihn auf, um ihn sich anzusehen.

„Das ist ein besonders gemeiner Stein, du Armer", sagte sie zu Teddy und betrachtete den scharfkantigen Stein, der seine Schmerzen verursacht hatte. „Ich weiß nicht, wie du das ausgehalten hast. Aber nun gib mir deinen Huf noch einmal."

Ganz in der Nähe stand ein Eimer mit Wasser. Jenny nahm ihre Waschbürste zur Hand, tauchte sie in den Eimer und begann die Hufsohle zu waschen. Als das Horn sauber war, konnte sie eine leichte Verfärbung entdecken. „Mir scheint, du hast einen blauen Fleck davongetragen, Teddy. Das kann natürlich von selbst heilen, aber wenn ich an deiner Stelle wäre, würde ich meinem Besitzer vorschlagen, mich über Nacht im Stall zu lassen, damit sich der Schmied den verletzten Huf morgen einmal ansehen kann. Außerdem möchtest du mit dem schmerzenden Fuß doch sicher nicht zwischen den anderen Pferden auf der Koppel herumhumpeln, nicht wahr?" Sie setzte den Huf ab und richtete sich auf. „Du bist ein ganz braver Kerl", sagte sie und klopfte ihm den Hals.

„Vielen Dank, Jenny", sagte Phil. „Darin bist du wirklich die Beste."

„Freut mich sehr, dass du mich wenigstens auf einem Gebiet für besser hältst", erwiderte Jenny und drehte sich ohne ein weiteres Wort um.

Phil Marston hatte vielleicht Nerven. Bildete er sich etwa ein, sie würde sich besser fühlen, nur weil er zugab, dass sie gut darin war, Steine aus Pferdehufen zu holen? Natürlich war sie gut darin, aber das war es nicht, was sie von ihm hören wollte.

Als sie Topside fertig geputzt hatte, brachte sie ihn zu

den anderen Pferden auf die Koppel und ging zu ihrer Hütte. Julia hatte vorgeschlagen, vor dem Abendessen schwimmen zu gehen. Das war eine gute Idee – vor allem, wenn keine Jungen da waren.

10

Julia hatte einen wundervollen Traum. Er handelte von ihrem zweitägigen Ausritt, den Reiterspielen und den Gespenstergeschichten am Lagerfeuer. Sie saß am Feuer und lauschte den Geschichten. Sie konnte den Rauch beinahe riechen. Er kratzte im Hals und brannte in den Augen. Sie röstete Äpfel über dem Feuer, doch es roch nicht nach Äpfeln – es roch nur nach Rauch.

Julia saß aufrecht im Bett. Es roch immer noch nach Rauch.

„Feuer!", flüsterte sie, zu erschrocken, um es laut zu sagen.

„Grrmmm", knurrte eines der anderen Mädchen im Schlaf.

Julia schnupperte noch einmal. Es gab keinen Zweifel. Irgendetwas brannte, und Julia hatte das schreckliche Gefühl, dass es nicht nur ein Lagerfeuer war. Sie sprang aus dem Bett und stürzte ans Fenster. Sie konnte die Scheune oben auf dem Hügel sehen. Auf dem Heuboden entdeckte sie ein orangefarbenes Flackern.

„FEUER!", schrie Julia.

Sofort waren alle hellwach. Die Mädchen verloren keine Zeit damit, sich anzuziehen. Sie rannten aus der Hütte und schrien immer wieder Feuer, um auch die anderen Reiter zu wecken. Die Bewohner der anderen Hütten schlossen sich ihnen an.

Julia raste den Hügel hinauf, Laura und Jenny neben sich.

„Es ist das Heu", keuchte sie. „Ich weiß es! Das ganze verdorbene Heu, und Fred hat es in der Scheune gelassen. Es hat sich selbst entzündet!"

„Schneller", drängte Laura. „Das ist jetzt unwichtig. Barry weiß schon Bescheid. Er wird die Feuerwehr rufen, und die kann sich um die Scheune kümmern. Wir müssen die Pferde retten!"

Die Sattelclub-Mädchen wussten, dass ihnen nur noch wenig Zeit blieb, und jede vergeudete Sekunde konnte ein Pferd das Leben kosten! In Scheunen gab es nur Dinge, die gut brannten. Heu, Getreide, Stroh, trockenes Holz – all das würde dem Feuer Nahrung geben, und das Gebäude konnte jederzeit buchstäblich explodieren.

Laura zeigte zur oberen Weide, jenseits der Scheune, auf der die Pferde allmählich in Panik gerieten. Sie sammelten sich in die Nähe der Scheune, als wären sie auf der Suche nach einem sicheren Zufluchtsort. Sie tänzelten und drängten einander weg, was ihre Angst nur noch vergrößerte. Sie hatten die Ohren angelegt, und ihre Augen waren so weit aufgerissen, dass man das Weiße sah. Sie befanden sich in schrecklicher Gefahr, und ihr Instinkt riet ihnen genau das Falsche.

„Die Pferde müssen schnell von der Scheune weg!", schrie Laura. „Wenn sie zusammenbricht, werden sie darunter begraben!"

Julia erkannte sofort, dass Laura Recht hatte. Wenn es ihnen gelang, die Pferde ans andere Ende der Weide zu treiben und dortzuhalten, wären sie in Sicherheit, ganz gleich, was mit der Scheune passierte. Doch hier, dicht zusammengedrängt vor dem Gebäude, machten sie sich nur gegenseitig verrückt und brachten sich unnötig in Gefahr. Doch was sollten die Mädchen bloß tun?

„Der Hügel!", rief Julia Laura zu. „Wenn wir sie auf die andere Seite des Hügels treiben können, sehen sie das Feuer nicht mehr und bleiben dann vielleicht von der Scheune weg!"

Laura nickte nur. Für eine längere Unterhaltung war keine Zeit. Sie erteilte den Umstehenden Befehle, und alle gehorchten.

„Julia, Debbie! Steigt auf den Zaun – aber geht unter gar keinen Umständen auf die Koppel, die Pferde würden euch niedertrampeln. Ihr müsst versuchen, die Pferde von der Scheune wegzuscheuchen. Jack, Nora, Elsa, ihr holt Hindernisstangen, Ständer, Tonnen und alles, was ihr sonst noch findet, um einen notdürftigen Zaun zu bauen, mit dem wir die Pferde in der hinteren Hälfte der Koppel halten können. Ihr vier da bringt Wasser, Heu und Hafer nach hinten und gebt es den Pferden, wenn sie ankommen. Sie sollen sich dort hinten wie zu Hause fühlen und nicht auf die Idee kommen, zur brennenden Scheune zurückzulaufen. Sam, du hilfst Julia und Debbie. Wedele mit deinem T-Shirt oder tu sonst irgendwas, denn ich fürchte, die Wand wird bald einstürzen. Und wenn das passiert, sind die Pferde nicht die einzigen, die an dieser Stelle in Gefahr sein werden!"

Julia warf einen kurzen Blick auf die Scheune. Die Dachbalken glühten, und die Flammen fraßen sich am Holz entlang. Das Heu auf dem Boden verbrannte so schnell, dass es nur noch eine Frage von Minuten war, bis das Dach zusammenbrach.

Sie begann die Arme vor den Köpfen der verängstigten Pferde zu schwenken, wie Laura es angeordnet hatte.

Es war kaum vorstellbar, dass es sich bei diesen Pferden, die außer sich vor Angst stiegen, schnaubten und mit den Augen rollten, um dieselben Tiere handelte, die noch vor wenigen Stunden so gehorsam unter dem Sattel gegangen waren.

Julia versuchte, Major irgendwo zu entdecken, doch es gelang ihr nicht. Vielleicht war er schlauer als die anderen. Vielleicht war er schon am anderen Ende der

Koppel, außerhalb der Gefahrenzone. Doch dann fiel es ihr ein. Major war nicht in Sicherheit. Er war in der Scheune!

Jenny rannte auf die Scheune zu. Das Feuer war auf dem Heuboden ausgebrochen, hoch über den Pferdeboxen. „Heiße Luft steigt immer nach oben", sagte sie sich. „Die Scheune wird zwar vollständig abbrennen, aber erst ist das Dach dran. Ich habe Zeit. Ich habe genug Zeit."

Doch als sie die Scheune erreichte, war sie nicht mehr so sicher. Die Luft war erfüllt vom Knistern des Feuers, und es war so nah, zu nah. Sie konnte kaum atmen, doch ihre Gedanken kreisten nur um die Pferde. Vor allem um ein Pferd – Teddy. Sie hatte veranlasst, dass er in der Scheune stehen sollte, und sie würde ihn jetzt herausholen. Es war keine Zeit mehr, Barry oder Ellen zu Hilfe zu holen. Doch sie sagte sich, dass sie bloß die Boxentüren zu öffnen brauchte. Die Pferde würden dann allein hinauslaufen.

Das Wiehern und Schreien der Pferde und das Trampeln der Pferdehufe auf dem hölzernen Fußboden übertönte die Geräusche des Feuers. Plötzlich ertönte ein Schrei, der lauter war als alle vorherigen. Sie konnte nicht länger warten. Sie musste die Pferde retten. Es war unwichtig, wohin sie liefen. Wichtig war nur, dass sie nicht blieben, wo sie waren. Ohne weiter darüber nachzudenken, packte Jenny den Türgriff und zog daran.

Auf der Koppel versuchten fast fünfzig Pferde, in die Scheune zu gelangen. Der Zaun war zwar recht stabil gebaut, aber ob er solch einem Ansturm standhalten konnte?

Julia spürte, wie die Zaunlatte unter ihr erbebte. Sie schwenkte hektisch die Arme, doch die Pferde schienen sie überhaupt nicht wahrzunehmen. Sie stießen ihre Hände mit den Köpfen fort.

Debbie, die neben Julia stand, hatte auch nicht mehr Glück. Doch dann kamen Ellen, Betty und sechs andere Reiter zu Hilfe, und es gelang ihnen mit vereinten Kräften, die vorderen Pferde vom Zaun wegzutreiben.

Die Pferde weiter hinten hatten die Botschaft jedoch nicht verstanden und drängten die ganze Herde wieder nach vorn, gegen den nachgebenden Zaun.

Julia sah sich suchend um. Sie brauchten etwas, das die Pferde deutlich sehen konnten. Da fiel ihr Blick auf einen Stapel alter Handtücher, die neben dem Wasserhahn lagen und dazu dienten, die Pferde nach dem Waschen trockenzureiben. Wie der Blitz sprang sie vom

Zaun, schnappte sich den Stapel Handtücher und verteilte sie an alle Helfer. Ein paar von ihnen sahen sie verdutzt an.

„Wedelt damit!", schrie Julia. „Vielleicht können wir sie damit von der Scheune wegjagen!"

Die anderen befolgten ihre Anweisung. Es schien zu helfen, doch Julia fürchtete, es würde nicht ausreichen, um die Herde in Bewegung zu setzen.

Plötzlich waren zwei Geräusche zu hören, auf die sie schon gewartet hatte. Das erste war ein lautes Krachen, als der Heuboden zusammenbrach und die brennenden Balken herunterstürzten. Die Pferde sprangen erschrocken zurück, drängten aber sofort wieder nach vorn.

Das zweite Geräusch machten die Sirenen der Feuerwehr. Die Scheune brannte zu schnell, als dass man sie retten konnte, vor allem, seit der Heuboden heruntergebrochen war, aber vielleicht konnten die Feuerwehrleute verhindern, dass sich das Feuer ausbreitete.

Julia machte sich wieder an ihre Arbeit. Ganz in ihrer Nähe stand Laura und überlegte fieberhaft. So etwas wie diese Pferde, die alles versuchten, um in die Scheune zu gelangen, hatte sie noch nie gesehen, und sie hatte auch noch nie gesehen, dass Pferde neun Personen ignorierten, die Handtücher schwenkten. Normalerweise würde ein Handtuch reichen, um eine ganze Herde zum Rennen zu bringen. Sie hatte sogar einmal erlebt, wie

Topside bei einem Turnier beinahe gestürzt war, nur weil eine gedankenlose Zuschauerin sich ihren Mantel übergeworfen hatte.

Wo ist Topside?, fragte Laura sich. Hier im Ferienlager war Topside zwar Jennys Pferd, doch Laura hatte ihn in Pine Hollow öfters geritten und wusste, dass er ausgezeichnet erzogen war. Das brachte sie auf eine Idee. Wenn es ihr gelänge, auf Topsides Rücken zu springen, konnte sie ihn vielleicht davon überzeugen, sich in Sicherheit zu bringen – und mit ihm die ganze Herde.

In aller Eile kletterte sie auf den Zaun. Sie musste Topside finden. Leider war Topside ein Brauner, das heißt, er hatte braunes Fell und schwarzes Langhaar – wie fast jedes andere Pferd dieser Herde auch! Verzweifelt hielt Laura nach ihm Ausschau. Da war er! Wie alle anderen hatte er offensichtlich panische Angst. Er fürchtete sich vor dem Geräusch und dem flackernden Licht des Feuers, und die Aufregung der anderen Pferde machte ihm noch mehr Angst.

„So ist es brav", sagte Laura so ruhig sie konnte. Sie wusste, dass Pferde die meisten Worte nicht verstehen können, wohl aber den Tonfall eines Menschen. Sie versuchte, ihre Stimme ruhig und zuversichtlich klingen zu lassen. Topsides Ohren zuckten in ihre Richtung. Sie schaffte es, seinen Hals zu klopfen. Doch in diesem Augenblick wurde er von den anderen Pferden weggedrängt. Er legte die Ohren wieder an. Laura folgte ihm und kletterte erneut auf den Zaun. Sie würde es schaffen. Sie musste es tun, aber sie würde Hilfe brauchen. Die beste Hilfe wäre Jenny. Wo war sie nur?

In den Boxen standen acht Pferde. Jenny sah sich um. Sie war allein. Sie hatte keine Zeit mehr, Hilfe zu holen. Sie war ganz auf sich gestellt. Ihr gesunder Menschenverstand sagte ihr, dass sie zuerst die Pferde freilassen musste, deren Boxen am weitesten von der Tür entfernt waren. Sie rannte zur hintersten Box, riss die Tür auf und zog am Halfter des Pferdes. Sein Wiehern klang wie eine Mischung aus Wut und Angst.

„Ich weiß genau, wie du dich fühlst", sagte sie zu ihm. Betont ruhig und gelassen führte sie das Pferd aus der Box. Dann ließ sie das Halfter los und versetzte dem Pferd einen scharfen Schlag auf die Flanke. Es schoss in Richtung See davon. Jenny hoffte nur, dass die Pferde, die sie freiließ, nicht zu weit wegliefen, aber doch weit genug. Sie würden genug Zeit haben, sie wieder zu finden – Hauptsache, sie waren noch am Leben!

Sie hastete zur nächsten Box. In dem gespenstischen orangefarbenen Licht erkannte sie Major. Julia würde glücklich sein, dass er gerettet war. Major folgte dem ersten Pferd in die Dunkelheit.

Hinter sich hörte sie den Heuboden herunterbrechen – und sie hörte die Sirenen der Feuerwehr. Vielleicht würden die Feuerwehrleute ihr helfen. Vielleicht konnten sie auch einen Teil der Scheune retten.

Während Jenny in aller Eile ein Pferd nach dem anderen freiließ, musste sie an die schöne alte Scheune denken – die angenehme Kühle der Boxen selbst an heißen Sommertagen, die altmodische Toreinfahrt, die Sattelkammer und die anderen Lagerräume mit den Kutschen und dem Schlitten. Sie hoffte, dass einige dieser Dinge gerettet werden konnten. Doch das Wichtigste waren die Pferde.

Jenny hielt Ausschau nach Teddy. Sie hatte ihn bisher noch nicht entdecken können, aber sie konnte auch kaum etwas sehen. Sie wusste, dass er da war, aber sie durfte mit der Suche nach einem einzelnen Pferd keine Zeit vergeuden. Sie musste alle freilassen. Vor allem aber brauchte sie mehr Zeit!

Zum ersten Mal war Laura froh über Freds Nachlässigkeit. Er hatte eine Führleine am Zaun hängen lassen, anstatt sie wegzuräumen, wie es sich gehörte. Sie war genau das, was Laura gesucht hatte. Als die Pferde wieder bei ihr vorbeikamen, streckte sie die Hände durch den Zaun und hakte die Führleine in Topsides Halfter. Es war kein Vergleich zu einem Trensenzaum mit Gebiss, aber es musste genügen, denn etwas anderes hatte sie nicht.

Sie langte mit einer Hand um die oberste Zaunlatte, übernahm die Führleine in die andere und kletterte auf den Zaun. Eine bessere Gelegenheit als diese würde sie sicher nicht bekommen.

Laura sprach beruhigend auf Topside ein, streichelte ihn und ließ sich sanft auf seinen Rücken gleiten. Sie trug nur ihren Schlafanzug und hatte keine Schuhe an. Sie hatte keinen Sattel, keine Stiefel, keine Sporen – nichts, womit sie Topside überzeugen konnte – nur ihre Waden und ihre Stimme.

Sie drückte die Unterschenkel an, um ihm zu zeigen, dass sie von nun an das Kommando übernehmen würde. Sie wollte ihn spüren lassen, dass er nun nicht länger gezwungen war, in dieser schrecklichen Situation Entscheidungen zu treffen – das würde sie für ihn übernehmen.

„Also gut, Topside", sagte sie und schnalzte mit der

Zunge. Er spitzte die Ohren. Das war ein gutes Zeichen. Es bedeutete, dass er sie gehört hatte und auf weitere Anweisungen wartete. „Jetzt werden wir deine Fähigkeiten als Hütepferd und meine als Cowboy auf die Probe stellen. Wir haben keine Zeit mehr zu verlieren, also lass uns anfangen."

Sie stieß seinen Bauch leicht mit ihren bloßen Füßen an. Er verspannte sich, und sie spürte seine Unsicherheit. Er sollte aber nicht unsicher sein, er sollte gehorchen! Sie stieß ihn kräftig mit den Fersen. Das schien ihn zu überzeugen, doch Laura befand sich mitten in einem Meer von Pferden, aus dem es keinen Ausweg gab.

In diesem Augenblick schoss die erste gewaltige Wasserfontäne von der anderen Seite der Scheune aus über das Dach. Die Pferde sprangen erschrocken zurück, und dabei entstand zwischen ihnen eine winzige Lücke. Laura hielt die Hände tief, zog an der Führleine und hoffte nur, dass Topside sie verstehen würde. Einen Augenblick lang blieb er unbeweglich stehen, doch dann begann er langsam und vorsichtig rückwärts zu gehen.

„So ist es brav!", lobte ihn Laura dankbar.

„Autsch!", sagte Jenny. Eine aufgeregte Stute hatte sie getreten. Sie rieb sich das Schienbein. Es schwoll an, aber es blutete nicht. Offensichtlich war es nicht so schlimm. Es war von Vorteil, dass die Stute so aufgeregt war, denn dann würde sie schnurstracks ins Freie laufen. Und tatsächlich, kaum hatte Jenny ihre Box geöffnet, schoss die Stute auch schon nach draußen.

„Teddy, Teddy! Wo bist du?", rief Jenny und hustete. Der Rauch wurde immer dichter. Sie konnte jetzt noch weniger sehen als vor einigen Minuten.

Jenny entdeckte einen Schimmel, der sich in eine Ecke seiner Box drückte. Sie langte schnell über die Halbtür, griff nach dem Halfter und zog sanft daran.

Die Reaktion des Pferdes aber war keineswegs sanft. Es stieg und schlug mit den Vorderhufen nach ihr. Es hatte sich so blitzartig bewegt, dass Jenny von ihm halb in die Box hineingerissen wurde. Sie schaffte es, ihre Finger aus dem Halfter zu ziehen und sprang zurück in die Stallgasse, bevor das Pferd sie treffen konnte.

„He, du – ich will dir helfen, und du steigst! Jetzt hör mal gut zu. Heb dir deine Späßchen gefälligst für morgen auf. Dann kannst du gern Zirkuspferd spielen, vielleicht werde ich sogar Beifall klatschen. Aber jetzt benimmst du dich. Ich sage dir, was zu tun ist, und du tust es gefälligst!"

Der Schimmel schaute sie misstrauisch an, aber er wehrte sich nicht, als sie eine Führleine in sein Halfter hakte. Er bewegte sich allerdings auch nicht, als sie an der Leine zog. Sie zog stärker. Dann riss sie an der Leine. Das Pferd riss zurück. Es weigerte sich, auch nur einen Schritt nach vorn zu machen.

Eine der ersten Lektionen, die man mit jungen Pferden übt, ist das Führen am Halfter. Doch dieses Pferd war so aufgeregt und verängstigt, dass es offensichtlich alles vergessen hatte, was es je gelernt hatte. Jenny versuchte, sein Leben zu retten, aber es führte sich auf, als hätte sie etwas Schreckliches mit ihm vor, zum Beispiel, es auf einen Transporter zu verladen ...

Das war es! Es gab eine Menge Tricks, ein unwilliges Pferd zu verladen, und einer davon war, ihm die Augen zu verbinden. Kurzentschlossen riss Jenny ein Hosenbein von ihrem Schlafanzug ab. Sie hatte nichts anderes, und außerdem hatte sie das Blümchenmuster noch nie gemocht. Sie sprach dem Schimmel beruhigend zu und legte den Stoffstreifen vorsichtig über seine Augen. Wenn er nichts mehr sehen konnte, musste er sich auf sie verlassen. Zumindest hoffte sie, dass das der Fall sein würde.

Es klappte. Jenny zog an der Führleine. Das Pferd setzte zögernd einen Fuß vor, und noch bevor es wusste, wie ihm geschah, ging es schon neben Jenny die Stallgasse entlang. Jenny führte es bis zum Tor, bevor sie ihm das Hosenbein abnahm, denn sie hatte Angst, es könnte in seine Box zurücklaufen, wenn sie es zu früh freiließ. Und das wäre schrecklich.

„Los, raus hier!", schrie sie den Schimmel an. Sie löste die Führleine und schlug ihm damit auf den Rumpf. Er bedachte sie mit einem bitterbösen Blick. Jenny schlug ihn noch einmal, und er schoss in vollem Tempo davon. Nun waren sieben Pferde frei. Aber wo war Teddy?

Nun, da Laura auf Topside saß und er sich entschlossen hatte, ihr zu gehorchen, war alles Weitere leicht – zumal sie von den anderen Reitern und den Angestellten des Ferienlagers so tatkräftig unterstützt wurde.

Laura ließ Topside auf die Herde zugaloppieren, und die Tiere sammelten sich auf einer Seite der Koppel, obwohl sie immer noch sehr verängstigt waren. Auf Lauras Zeichen begannen die Helfer am Zaun wieder damit ihre Handtücher zu schwenken, und allmählich nahmen die Pferde sie auch zur Kenntnis. Topside, das reine Englische Vollblut, trieb die Herde vor sich her wie ein erfahrenes Quarterhorse. Quarterhorses sind die Pferde der Cowboys. Kraft, Durchhaltevermögen, Schnelligkeit und Intelligenz machen sie zu besonders guten Hütepferden. Topside besaß all diese Vorzüge auch. Es schien Laura, als verstünde er seine Aufgabe – er gehorchte nicht nur ihren Befehlen, sondern schien auch begriffen zu haben, worum es ging. Er schob sich hinter die Herde und begann, sie in die richtige Richtung zu treiben.

Es ließen sich jedoch nicht alle Pferde treiben. Einige von ihnen schlossen sich der Herde nicht an, sondern blieben in der Nähe der Scheune.

Debbie erkannte das Problem und fand schnell eine Lösung. Zu den Pferden, die noch am Zaun standen, gehörte auch ihr Pferd Bellevue. Debbie kletterte in seiner Nähe auf den Zaun und sprang von dort aus auf seinen Rücken. Sie packte seine Mähne und ritt ihn aus der Gefahrenzone. Genau das hatte Bellevue gebraucht, ebenso wie Topside. Debbie umkreiste die Herde und half Laura, die auf der anderen Seite ritt, die Pferde zu treiben. Julia und die anderen Helfer wedelten weiterhin mit den Handtüchern.

Nur drei Pferde blieben am Zaun zurück. Eines von ihnen war Basil, den Julia erst vor wenigen Stunden geritten hatte. Es war kaum zu glauben, dass in so kurzer Zeit so viel passieren konnte. Julia warf einen Blick auf die Scheune, doch jetzt war keine Zeit, trübseligen Gedanken nachzuhängen. Sie sprang vom Zaun, wartete, bis Basil sie entdeckt hatte, und versetzte ihm dann einen kräftigen Schlag aufs Hinterteil. Er wirkte Wunder. Basil und die anderen beiden Pferde galoppierten hinter der Herde her.

„Juhu!", jubelte Nora. „Das hast du toll gemacht!"

„Ja, du hast genau das Richtige getan!", sagte Elsa. Die anderen Reiter am Zaun klatschten Beifall.

„Es war Teamwork", wehrte Julia ab. „Wir waren alle gut."

„Aber wir haben noch mehr zu tun", stellte Elsa fest. „Wir haben alles geholt, was wir finden konnten, um daraus eine Absperrung zu bauen, aber nun müssen wir es aufstellen. Wenn wir uns nicht beeilen, werden die Pferde in null Komma nichts wieder hier sein!"

Julia freute sich, als sie sah, dass alle, die bei der Herde geholfen hatten, nun mit Feuereifer darangingen, einen behelfsmäßigen Zaun aufzustellen. Sie hatte schon oft die Erfahrung gemacht, dass Menschen nur zusammenarbeiten mussten, um etwas auf die Beine zu stellen. Sie war ziemlich sicher, dass dieses Team es auch schaffen würde, eine Pferdeherde in Schach zu halten!

„Wo sind die Pferde?", fragte jemand. Julia drehte sich um. Es war Phil.

„Sie sind auf der anderen Seite des Hügels", antwortete Julia. „Wir haben sie von der Scheune weggetrieben. Sie sind jetzt in Sicherheit."

„Alle?"

„Klar, alle", sagte Julia. „Oder siehst du hier irgendwo noch eines?"

„Hast du Teddy gesehen? War er dabei?", wollte Phil wissen.

„Das war in dem Durcheinander und in der Dunkelheit schwer zu erkennen, Phil", erklärte Julia ihm wesentlich geduldiger, als sie sich fühlte. „Aber die Pferde, die auf der Weide waren, sind jetzt alle in Sicherheit auf der anderen Seite des Hügels."

„Aber Teddy war nicht auf der Weide", stieß Phil entsetzt hervor. „Jenny hat gesagt, ich soll ihn im Stall lassen wegen des Hufschmieds."

Julia hatte sich so sehr auf die Pferde konzentriert, die auf der Weide standen, dass sie die in der Scheune ganz vergessen hatte.

Phils Worte erinnerten sie daran, dass auch Major in der Scheune war. Major und Teddy waren beide in der Scheune – und wo war Jenny?

„Oh nein!", keuchte Phil. Er rannte los, dicht gefolgt von Julia. Sie kamen jedoch nur auf etwa zehn Meter an den Seiteneingang heran. Die Feuerwehrmänner ließen sie nicht weitergehen.

„Zu gefährlich", sagte einer. „Die Seitenwand kann jeden Augenblick einstürzen."

„Aber da ist noch jemand drin!", stieß Phil hervor.

„Und zwar meine beste Freundin!", fügte Julia hinzu.

„Da drin ist wirklich niemand", sagte der Feuerwehrmann. „Das wäre Wahnsinn! Und jetzt geht zurück. Haltet euch von hier fern!"

„Teddy?"

Ein Pferd antwortete mit einem Wiehern. Jenny rief weiterhin seinen Namen und folgte seinem Wiehern.

Sie fand ihn schließlich, musste aber feststellen, dass das Feuer wahrscheinlich nicht sein schlimmstes Problem war.

Teddy lag in seiner Box, bewegungslos vor Angst. Aus Erfahrung wusste Jenny, dass jedes Pferd seine eigene ausgeprägte Persönlichkeit hatte, und Teddy war sehr ängstlich.

Jenny musste wieder daran denken, welche Probleme Phil mit Teddy gehabt hatte, als er den verletzten Huf untersuchen wollte, und wie gut sein Pferd in dieser Situation auf ihre beruhigenden Worte reagiert hatte. Jetzt musste sie genauso vorgehen, doch es würde ihr schwer fallen, etwas Beruhigendes von sich zu geben, während über ihr das Feuer knisterte und es um sie herum immer heißer wurde. Sie selbst war eigentlich überhaupt nicht ruhig.

Sie begann mit dem Pferd zu sprechen. Sie vermutete, dass es Teddy ganz egal war, was sie erzählte, aber zumindest hörte er zu. Sie plapperte immer weiter, doch während sie sprach, hakte sie eine Führleine in Teddys Halfter und ließ ihn aufstehen. Zu ihrer eigenen Verwunderung wurde ihr plötzlich bewusst, dass sie Teddy die Geschichte von Schneewittchen erzählte, allerdings hatte sie aus den sieben Zwergen sieben Bären gemacht – Teddybären natürlich.

Anfangs schien Teddy die Geschichte zu gefallen. Er hatte sich langsam erhoben, doch danach rührte er sich nicht mehr. Jenny verband ihm die Augen. Es funktionierte nicht. Sie zog an der Führleine. Sie riss an der Führleine. Teddy rührte sich nicht. Er fühlte sich sicher in seiner Box und wollte sie auf keinen Fall verlassen.

Aber Teddy war auch ein gut ausgebildetes Reitpferd, und es gab einige Dinge, die ein solches Pferd nie vergaß. Jenny beschloss, es zu versuchen. Sie stieg auf den umgekippten Wassereimer und sprang von dort auf Teddys Rücken. Sie hatte Recht gehabt – mit einem Reiter auf dem Rücken würde er nicht mehr still stehen. Noch bevor sie Zeit hatte, in die Mähne zu greifen, schoss er aus der Box!

Er witterte die frische Luft, und jetzt, da er sich für eine Richtung entschieden hatte, verlor er keine Zeit mehr. Er raste aus der Scheune, die leicht ansteigende Zufahrt hoch und den Pfad zum See hinunter. Jenny klammerte sich mit aller Kraft fest. Dieses Pferd war eine Rakete!

Auch die anderen Pferde waren zum See gelaufen. Jenny war sicher, dass Teddy dasselbe tun würde. Das tat er auch, doch anders als die anderen sieben blieb er nicht am Ufer stehen, sondern raste in vollem Galopp weiter! Die letzte Stimme, die Jenny hörte, als Teddy mit ihr an den Hütten vorbeischoss, gehörte Phil. Sie war leise, aber doch verständlich.

„Jenny!"

Jenny war eine gute Reiterin. Sie wusste genau, wie man ein Pferd dazu brachte, das zu tun, was der Reiter wollte, und wie man es davon abhielt, das zu tun, was es selber wollte. Doch es war schwer, diese Kenntnisse auf einem ungesattelten und ungezäumten Pferd in die Tat umzusetzen. Und auf einem immer noch völlig verängstigten Teddy war es einfach unmöglich. Sie konnte nur eins tun – sich festklammern. Das Pferd raste mit ihr durch den Wald, keuchend und schweißnass. Es stolperte über Steine und Wurzeln und streifte Äste, Bäume und dornige Ranken. Jennys Beine wurden zerkratzt, und sie spürte, wie das Blut an ihnen hinunterlief. Doch das machte nichts. Das einzig Wichtige war, Teddy zu retten. Wenn sie es nur schaffte, bei ihm zu bleiben, konnte sie ihn vielleicht daran hindern, sich zu Tode zu rennen. Solange er nicht bereit war, anzuhalten, konnte sie wenig tun, aber sie konnte bei ihm sein, wenn ihn seine Kräfte verließen. Sie krallte beide Hände in seine dicke Mähne, umklammerte seinen glatten Bauch mit ihren zerkratzten Beinen und lehnte sich weit nach vorn, um den Zweigen, die gegen ihren Körper schlugen, möglichst wenig Angriffsfläche zu bieten.

Die ganze Zeit über sprach sie beruhigend auf Teddy ein. „‚Wer hat von meinem Tellerchen gegessen?', fragte der kleine Bär. ‚Wer hat auf meinem Stühlchen gesessen?', fragte ein anderer." Sie konnte kaum glauben, dass sie tatsächlich einem Pferd ein Märchen erzählte. Wahrscheinlich half sie Teddy damit nicht sehr, aber ihr selbst tat das Erzählen gut. Auf diese Weise konnte sie verhindern, dass sie selbst in Panik geriet, und erinnerte Teddy gleichzeitig daran, dass sie noch bei ihm war – allerdings wirkte der Trick bei beiden nicht besonders.

Teddy war ein großes, starkes Pferd. Jenny befürchtete, er würde noch stundenlang weiterrasen. Sie machte sich dabei größere Sorgen um ihn als um sich selbst. Jedes Mal, wenn er über irgendetwas stolperte, lief er Gefahr, sich zu verletzen. Und wenn die Brombeerranken und Dornenbüsche ihr schon wehtaten, mochte sie gar nicht daran denken, welchen Schaden sie seinen empfindlichen Beinen zufügen konnten. Sie hatte einmal miterlebt, wie sich ein Pferd so schwer verletzt hatte, dass es getötet werden musste. Das durfte mit Teddy nicht passieren – vor allem nicht, nachdem sie ihn vor dem Feuer gerettet hatte!

Jenny drückte sich eng an seinen Hals. Ihm durfte einfach nichts passieren. Sie musste es verhindern!

Sie sprach weiter auf ihn ein, und er wurde allmählich langsamer. Sein langsamer Galopp hätte selbst ohne

Sattel eine bequeme, schaukelnde Gangart sein müssen, doch Teddy lahmte. Er strauchelte bei jedem Schritt, denn jetzt machten ihm die Verletzungen zu schaffen, die er vorher in seiner Panik nicht einmal bemerkt hatte.

Er fiel in den Trab.

„Haaalt", befahl Jenny. Sie versuchte, ihr Gewicht so zu verlagern, wie sie es mit Sattel getan hätte, um ihm so das Zeichen zum Anhalten zu geben. Er fiel in Schritt und blieb dann stehen.

Jenny trieb ihn wieder an und ließ ihn Schritt gehen, bis sich seine Atmung beruhigt hatte, und sie blieb auf seinem Rücken, bis sie sicher war, dass er nicht wieder losrasen würde. Sie befanden sich auf einer Lichtung. Jenny hatte keine Ahnung, wie weit sie vom Ferienlager entfernt war und wie sie dorthin zurückkommen sollte, doch sie stellte fest, dass es auf der Lichtung nichts gab, wovor Teddy sich fürchten musste. Der Albtraum Feuer war außer Sicht, und sie hoffte, dass Teddy nicht mehr daran denken würde.

Sie klopfte ihm beruhigend und ermunternd den Hals. Teddy nickte mit dem Kopf und zeigte ihr damit, dass er wieder in Ordnung war. Langsam und vorsichtig glitt Jenny von seinem Rücken. Ebenso ruhig untersuchte sie seine Beine, denn sie wollte ihn auf keinen Fall erschrecken. Er hatte einige hässliche Kratzer an den Beinen, und der Huf, aus dem sie den Stein entfernt hatte, verursachte ihm anscheinend große Schmerzen. Mit ihr über den unebenen Waldboden zu rasen, hatte ihm ganz offensichtlich nicht gerade gut getan!

Jenny schaute sich um und entdeckte einen Bach ganz in ihrer Nähe. Sie probierte das Wasser. Es war kühl und schien sauber zu sein. Sie führte Teddy hin und ließ ihn ein paar Schlucke trinken. Dann schöpfte sie Wasser mit den Händen und wusch damit seine Verletzungen aus. Er wich zurück, also begann sie wieder zu erzählen.

„Es war einmal ..."

Teddy stand still, während Jenny seine Wunden sauber machte und ihm dabei eine Geschichte erzählte. Sie konnte im Mondlicht gerade noch erkennen, dass die meisten der Kratzer nicht mehr bluteten. Einer von ihnen war jedoch tiefer. Jenny schaute sich nach etwas um, mit dem sie die Wunde verbinden konnte. Das Naheliegendste war das zweite Hosenbein ihres Schlafanzugs. Schließlich hatte sie das erste schon geopfert, um den Pferden damit die Augen zu verbinden.

Es funktionierte. Sie wickelte es vorsichtig um Teddys Bein und knotete die Enden zusammen. Schon nach wenigen Minuten war die Blutung zum Stillstand gekommen.

„Von jetzt an pass bitte auf dich auf, ja?", bat Jenny ihn. Im Gegensatz zu dir habe ich nur zwei Beine, und den Rest von meinem Schlafanzug brauch ich selbst!"

Sie seufzte. Solange sie Witze machen konnte, ging es ihr gut.

Jenny war klar, dass sie sich eigentlich auf den Rückweg ins Camp machen musste, denn die anderen würden sich um sie und Teddy sorgen, doch Teddy und sie waren einfach zu müde. Es hätte ihr gerade noch gefehlt, jetzt durch den dunklen Wald zu stolpern und sich womöglich noch mehr zu verirren, als es jetzt schon der Fall war. Sie knotete Teddys Führleine an einen Baum, unter dem etwas Gras wuchs, das er fressen konnte, und setzte sich mit dem Rücken an einen Baum. Sie wollte sich nur eine Minute ausruhen.

Als sie wieder aufwachte, war es heller Tag. Sie schrak hoch, weil jemand ihren Namen rief.

„Jenny! Du bist in Ordnung!", sagte Phil und kniete sich neben sie.

Sie lächelte schwach. „Ja, das bin ich, und Teddy auch, obwohl er ein paar Kratzer hat. Ich habe versucht, den schlimmsten zu verbinden", erklärte sie. Sie wollte Phil versichern, dass sein Pferd nicht ernsthaft verletzt war, aber er fiel ihr ins Wort.

„Sei doch mal ruhig", sagte er fast im Flüsterton.

„Wie soll ich mich bei dir entschuldigen, wenn du die ganze Zeit redest?"

Jenny sagte nichts mehr.

„Du bist eine gute Pferdepflegerin. Und du bist auch

eine gute Reiterin. Du bist eine echte Freundin, Jenny, und es wird mir eine Ehre sein, mit dir auf dem Turnier zu reiten, und es würde mich überhaupt nicht wundern, wenn du jede Schleife gewinnst, die es gibt, denn du hast viel mehr Mut als jeder andere Mensch, den ich kenne. Damit will ich sagen, dass ich dich einfach umwerfend finde. Ich glaube, du bist das tollste Mädchen, das ich je getroffen habe, und ich wünschte mir, du wärest nicht mehr sauer auf mich."

„Das Turnier ist mir ganz egal", sagte Jenny erschöpft. „Wichtig sind mir nur die Pferde. Und ich bin auch nicht mehr sauer auf dich", erklärte sie. „Oh, Mann, bin ich müde. Ich hoffe, ich träume nicht nur, dass du hier bist. Wie habt ihr uns überhaupt gefunden?"

„Wir haben ja gesehen, in welche Richtung Teddy mit dir gelaufen ist, und so sind Barry und ich hinterhergefahren. Du warst ganz leicht zu finden. Du bist nur etwa zehn Meter von der Straße entfernt. Wir sind mit dem Transporter gekommen, damit wir dich und Teddy gleich mit zurücknehmen können."

Jenny stand auf und sah sich um. Wenn sie in der letzten Nacht von der Straße gewusst hätte, hätte sie vielleicht versucht, allein zurückzukommen. Sie war jedoch froh, dass sie es nicht getan hatte. Sie hätte keinen Schritt mehr laufen können, und für Teddy galt dasselbe.

„Und jetzt zu Teddy", sagte Phil. „Ich hoffe, er wird

in Zukunft nicht immer Bandagen mit Blümchenmuster tragen. Die anderen Pferde würden sich totlachen über ihn!"

Jenny lächelte. Es war schön zu wissen, dass auch Phil noch Witze machen konnte.

12

Jenny konnte es kaum abwarten, Julia und Laura zu sehen. Es gab so viel, was sie ihnen erzählen musste.

Als Barry mit dem Transporter ins Ferienlager einbog, konnte Jenny den allerersten Blick auf die ausgebrannte Scheune werfen.

Wie bei vielen Bränden hatte das Feuer auch hier einen unvorhersehbaren Weg genommen. Der Heuboden war vollständig ausgebrannt und so auch ein großer Teil der Stallungen. Einige Teile des Gebäudes aber waren kaum angesengt. Die Sattelkammer zum Beispiel war zwar total verschmutzt, roch nach Rauch und war vom Löschwasser durchweicht, aber nach einer gründlichen Reinigung würde das Lederzeug aussehen wie neu.

„Oh, das ist prima!", sagte Jenny. „Dann haben wir ja heute noch Reitunterricht!"

Barry schaute sie streng an. „Ich bin der Ansicht, dass eine Reiterin, die die Nacht damit zugebracht hat, acht Pferde zu retten und eines davon im stockdunklen Wald zu versorgen, die ihren Schlafanzug zerrissen hat – von ihren Beinen ganz zu schweigen –, nur um damit die Beine eines Pferdes zu verbinden, sich einen Tag freinehmen sollte. Außerdem gibt es noch etwas, das du sehen solltest."

Phil hatte Jennys Turnschuhe mitgebracht. Sie war froh darüber, als sie über die angekohlten Balken stieg, die überall herumlagen. Noch froher war sie jedoch über Phils Fürsorglichkeit, als er ihre Hand nahm und sie in die Scheune führte.

Es war der Ort, an dem sie nur wenige Stunden zuvor gewesen war. Sie erinnerte sich so deutlich daran, dass sie die Anwesenheit der verängstigten Pferde und ihre eigene Furcht fast spüren konnte. Sie konnte ihr angsterfülltes Wiehern ebenso hören wie das Stampfen der Hufe auf den Dielenbrettern. Es war derselbe Ort, aber er sah ganz anders aus. Das Feuer hatte ihn in ein riesiges pechschwarzes Loch verwandelt. Es war nichts übrig, abgesehen von ein paar Metallteilen. Jenny hob einen verkohlten Eimerhenkel auf.

„Kurz nachdem du mit Teddy hier herausgeschossen kamst, ist der Heuboden über diesem Teil des Stalls heruntergebrochen. Hier unten ist alles ausgebrannt, und wenn du die Pferde nicht gerettet hättest, wäre keines mehr am Leben", sagte Barry.

„Und wenn du nicht so schnell gehandelt hättest ...", begann Phil.

„Ja, ja, ich verstehe schon", unterbrach ihn Jenny. Sie wollte nicht, dass er es aussprach. Sie begann zu zittern, und erst jetzt wurde ihr bewusst, was sie hier geleistet und in welcher Gefahr sie dabei geschwebt hatte. „Vielleicht sollte ich mich lieber etwas hinlegen", sagte sie mit zittriger Stimme.

„Komm, ich helfe dir." Phil beugte sich vor und nahm sie auf den Arm, einfach so!

Jenny seufzte zufrieden. Sie legte ihren Kopf auf Phils Schulter und war schon fast eingeschlafen, als sie Hütte drei erreichten.

Das Sattelclub-Treffen an diesem Nachmittag dauerte sehr lange und unterschied sich stark von allen bisherigen Treffen, denn diesmal nahmen alle Reiter von Moose Hill daran teil. Jeder von ihnen hatte einen Haufen Lederzeug, eine Dose Sattelseife, Wasser und einen Schwamm mitgebracht. Sie hatten eine schattige Stelle in der Nähe des Speiseraums gefunden und begannen mit der Arbeit. Jenny erzählte den anderen von ihrem Abenteuer in der Scheune.

„Du bist eine Heldin!", stellte Julia fest.

Jenny schüttelte den Kopf. „Nein, ganz bestimmt nicht. Ich habe ja nicht mit Handtüchern vor in Panik geratenen Pferden herumgewedelt und dabei riskiert, von ihnen zertrampelt zu werden. Und ich habe mich auch nicht auf eines von diesen Pferden gesetzt. Das war heldenhaft!"

„Du hättest die Zaunbauer sehen sollen, Jenny", sagte Laura. „Während einige von uns die Herde bewacht haben, haben die anderen wie der Blitz den Zaun aufgestellt. Sie hätten dabei leicht von den Pferden umgerannt werden können."

Jenny lächelte kaum merklich.

„Worüber amüsierst du dich, Jenny?", fragte Nora.

Jenny zuckte mit den Achseln. „Laura, Julia und ich haben schon vor langer Zeit festgestellt, dass wir uns so gut verstehen, weil wir alle drei pferdeverrückt sind. Ich glaube, das trifft auf uns alle zu – die ganze Gruppe. Unsere Pferdeverrücktheit hat uns letzte Nacht dazu gebracht, das zu tun, was wir getan haben, und schau mal, was wir jetzt schon wieder tun." Die anderen lächelten, und einige nickten zustimmend. „Andererseits", fuhr Jenny fort, „wenn man wirklich darüber nachdenkt, was wir in der letzten Nacht getan haben, könnte man zu dem Schluss kommen, dass wir nicht pferdeverrückt, sondern schlicht und einfach nur verrückt sind!" Darüber mussten alle lachen. Es klang wundervoll.

Barry gesellte sich zu ihnen. Er setzte sich, nahm einen Trensenzaum vom Stapel und begann ihn zu putzen.

„Es gibt einiges, was ich euch erzählen möchte", sagte er. „Die Feuerwehrleute haben feststellen können, wo der Brandherd war, und es gibt keinen Zweifel – die Brandursache war das verdorbene Heu auf dem Boden. Wenn Heu verrottet, entstehen Wärme und Sauerstoff. Ich kann euch nicht genau erklären, wie dieser Vorgang abläuft, aber irgendwann hat sich genug Hitze entwickelt, dass es zu einem Schwelbrand kommt, und es dauert nicht lange, bis Heu brennt. Das weiß jeder Stallbesitzer. Und jetzt habt ihr die Folgen eines solchen Brandes gesehen. Ich hatte die Anweisung gegeben, das verdorbene Heu vom Boden zu holen, aber ganz offensichtlich wurde sie nicht ausgeführt. Die dafür verantwortliche Person hat das Ferienlager bereits verlassen."

Das hatte Julia sich schon gedacht, denn sie hatte vor einigen Stunden beobachtet, wie Fred verärgert sein ganzes Gepäck in einen Kombiwagen geworfen hatte und eilig davongefahren war.

„Das Ganze hat jedoch auch sein Gutes. Das Wichtigste ist, dass alle Pferde gerettet wurden. Wir haben zwar einige kleinere Verletzungen zu behandeln, aber da alle so schnell und überlegt gehandelt haben, ist keines von ihnen ernsthaft verletzt. Die zweite gute Nachricht ist, dass diese alte Scheune eine Scheune war und kein Stall – und obwohl ich sie sehr gern hatte, mit dem großen Heuboden und den schönen glatten Holzfußböden, werde ich mit dem Geld von der Versicherung einen ganz neuen Stall bauen können. Wenn ihr im nächsten Jahr wiederkommt, wird es besser sein als vorher. Zum Schluss möchte ich noch darauf eingehen, dass jemand seine Bedenken über die Richter geäußert hat, die zu unserem Turnier kommen werden und ..."

Debbie unterbrach ihn. „Barry, darf ich zuerst noch etwas sagen?"

Einen Augenblick lang sah Barry sie zweifelnd an. „Klar", sagte er dann.

„Ich habe mich dumm und egoistisch aufgeführt, und es tut mir Leid, dass ich die Fairness der Richter angezweifelt habe. Bitte nimm in dieser Beziehung keine Änderungen vor, ja?"

Barry machte eine kleine Kunstpause. „Das hatte ich auch nicht vor", sagte er. „Aber ich bin froh, dass du mit mir einer Meinung bist."

Julia lächelte. Debbie war nicht mehr dasselbe Mädchen, das sich erst einen Tag zuvor mit Barry gestritten hatte. Doch verändert hatten sie sich wohl alle. Es hatte nicht viel dazugehört, dachte Julia. Nur eine brennende Scheune, verängstigte Pferde, Mut, Tapferkeit und die uneingeschränkte Zusammenarbeit von ungefähr dreißig Leuten, die sich bis dahin nur als Gegner betrachtet hatten und nicht als Teamgefährten.

13

„Du siehst aus wie eine erfahrene Turnierreiterin", sagte Laura bewundernd zu Julia.

„Das bin aber nicht ich, das sind nur die Klamotten", scherzte Julia. „Ich musste mir Handschuhe von Elsa leihen, und die Gerte gehört Phil, und nach mir bekommt Jack sie."

So ähnlich erging es auch allen anderen Reitern. Jeder lieh dem anderen gern seine Sachen, damit alle einen möglichst guten Eindruck machen konnten. Alle bemühten sich, ihr Bestes zu geben.

„Viel Glück beim Springen", sagte Laura.

„Danke", erwiderte Julia. Sie würde es brauchen können. Schließlich hatte sie erst hier im Ferienlager angefangen zu springen.

Eigentlich spielte es für sie keine Rolle, ob sie eine Schleife gewann. In ihrer Gruppe waren noch andere Springanfänger, die besser waren als sie. Sie freute sich in erster Linie darüber, zeigen zu können, was sie in nur zehn Tagen alles gelernt hatte.

„Lächle", sagte Barry und riss Julia damit aus ihren Gedanken. „Du bist dran!"

Nachdem Barry ihren Namen aufgerufen hatte, trieb sie Major an. Sie umkreiste den Parcours einmal, grüßte vor den Richtern und begann ihren Ritt.

Major sprang gern, aber Julia hatte noch mehr Freude daran. Sie hatte insgesamt vier Hindernisse zu überwinden. Sie waren alle nicht sehr hoch, aber bei dieser Prüfung ging es nur um ihren Springstil und nicht um Rekordhöhen.

Major galoppierte gelassen auf das erste Hindernis zu. Julia hob sich aus dem Sattel, genau wie sie es geübt hatte, neigte den Oberkörper vor und schob ihre Hände an Majors Hals nach vorn, damit er sich strecken konnte. Genau im richtigen Moment sprang Major ab und schien über das Hindernis nur so zu fliegen. Er landete weich, und sie verlagerte ihr Gewicht wieder in den Sattel. Perfekt! Nach diesem Sprung war Julia alles egal. Selbst wenn sie beim nächsten Hindernis hinuntergefallen wäre, hätte ihr das nichts ausgemacht. Sie hatte ein Hindernis hundertprozentig korrekt überwunden, und sie war stolz auf sich. Auch die anderen schienen zufrieden mit ihr. Laura, Jenny und alle anderen Reiter klatschten Beifall. Sie alle wussten, wie viel Arbeit hinter diesem perfekten Sprung steckte. Doch er war das stundenlange Üben wert gewesen.

Wie sich herausstellte, brauchte sie sich auch über die nachfolgenden Hindernisse keine Sorgen zu machen. Es ging alles glatt. Julia war allerdings sicher, dass sich nie wieder ein Sprung so großartig anfühlen würde wie der erste perfekte, der ihr auf diesem Turnier geglückt war.

Jenny strich ihr Jackett glatt, während sie mit Topside auf ihren Start wartete.

„Jennifer Lake!", kündigte Barry sie an.

Es konnte losgehen. Jenny hatte mit Topside bereits an einer Spring- und einer Materialprüfung teilgenommen. Jetzt stand ihnen eine Dressurprüfung bevor, bei der Jenny zeigen musste, wie gehorsam, ausbalanciert und beweglich ihr Pferd war. Für unwissende Zuschauer ist eine Dressurprüfung manchmal schwer zu verstehen, vor allem, wenn die Teilnehmer gute Reiter sind, denn ein gutes Dressurpferd gehorcht nahezu unsichtbaren Hilfen.

Jenny ritt in das Dressurviereck ein, grüßte vor den Richtern und begann mit ihrer Kür. Sie hatte ihr Programm so zusammengestellt, dass sich Topside von seiner allerbesten Seite zeigen konnte, und als sie begann, schossen ihr verschiedene Begriffe durch den Kopf zum Beispiel Takt, Kadenz, Hankenbeugung, Versammlung und vor allem Schwung. Topside kannte keines dieser Wörter, doch er ging einfach großartig. Gemeinsam zeigten sie Zirkel und Wendungen in allen Gangarten. Auch die Handwechsel und die Übergänge von einer Gangart zur anderen waren perfekt. Topside war in bester Form. Jenny konnte sich ein triumphierendes Grinsen nicht verkneifen. Nachdem sie ihre beiden letzten Lektionen, eine Wendung auf der Vorhand und eine auf der Hinterhand, hinter sich gebracht hatte, wusste sie, dass ihre Vorstellung fehlerfrei gewesen war.

Sie beendete ihre Kür und ritt unter dem Applaus der Zuschauer aus dem Viereck. Sie verschwendete jedoch keine Zeit damit, sich im Glanz ihrer Leistung zu sonnen. Es gab noch viel zu tun. Da Teddys Beine noch nicht wieder ganz in Ordnung waren, startete Phil ebenfalls auf Topside. Sie half ihm, die Steigbügelriemen länger zu schnallen.

„Er ist einfach Klasse", sagte sie zu Phil und klopfte Topside liebevoll. „Es wird schon gut gehen. Du bist in der Dressur besser als ich, und Topside ist besser als wir beide zusammen."

„Das ist mir inzwischen völlig egal, Jenny", sagte Phil. „Wirklich."

„Mir auch", erwiderte sie, und es war ihr ernst. „Es war eine blöde Idee von uns, alle Schleifen gewinnen zu wollen. Damit haben wir genau dasselbe getan wie Elsa und Debbie. Wir hätten es eigentlich besser wissen sollen. Reiten soll schließlich Spaß machen."

„Da hast du Recht", stimmte Phil ihr zu. „Übrigens, ich habe gehört, dass Debbie und Elsa Barry gefragt haben, ob wir heute Abend nach dem Turnier noch einmal einen Ritt mit Übernachtung machen dürfen. Vielleicht denke ich diesmal an die Bonbons!"

„Philip Marston!", verkündete Barry.

„Jetzt bist du dran", sagte Jenny. „Gib dir Mühe!"

Laura ritt zusammen mit Debbie und Elsa in den Prüfungen für Fortgeschrittene. An diesen relativ schwierigen Prüfungen nahmen außer den dreien nur noch zwei weitere Reiter teil.

Julia, Jenny und Phil beobachteten die Teilnehmer voller Ehrfurcht.

„Das ist einfach toll!", sagte Julia. „Ich meine, Leute zu sehen, die so super reiten. Das große Turnier von New York war auch toll, aber das hier ist fast besser. In New York waren alle Reiter Profis, hundertmal besser als ich es je sein werde. Aber diese fünf hier sind erstklassige Reiter, und sie sind in meinem Alter. Es ist einfach fabelhaft."

„Du meinst, sie ist fabelhaft", sagte Jenny und schaute zu, wie Debbie sprang. „Siehst du, wie sie ihren Körper vor dem Absprung gewissermaßen zusammenfaltet? Sie wirft sich nicht einfach nach vorn. Ihr Stil ist perfekt."

„Kaum zu glauben", sagte Julia und bewunderte Debbies Springstil. „Sie ist wirklich so gut, wie sie immer behauptet hat."

„Man ist immer nur so gut, wie man eben ist", belehrte Jenny sie. „Darüber zu reden macht einen nicht besser. Das hat sie inzwischen gelernt."

„Das haben wir alle gelernt", stellte Phil fest.

Als Nächste war Laura an der Reihe. Auch sie war großartig. Julia hatte ihr schon oft beim Springen zugesehen, aber so gut wie an diesem Tag war sie noch nie gewesen. Nachdem Laura ihren Umlauf beendet hatte, gab es viel Applaus, doch am lautesten klatschten ihre vier „Konkurrenten".

Julia wusste, dass es bei den meisten Turnieren üblich war, die Schleifen sofort im Anschluss an jede Prüfung zu vergeben. Barry hatte sich jedoch zu einer anderen Verfahrensweise entschlossen. Julia vermutete, dass er ihnen auf diese Weise klar machen wollte, dass die Schleifen nicht das Wichtigste waren, doch er hätte sich die Mühe sparen können. Viele der Reiter hätten die Siegerehrung beinahe vergessen, denn sie war ihnen nicht mehr wichtig. Wichtig war nur noch, dass sie etwas dazugelernt hatten und dieser Tag ihnen die Möglichkeit bot, das Gelernte vorzuführen.

Es wurden Unmengen von Schleifen verteilt. Julia, Jenny und Laura hatten in ihren Prüfungen sehr gut abgeschnitten und durften goldene und silberne Schleifen in Empfang nehmen. Sie freuten sich darüber ebenso sehr wie über die Schleifen, die ihre Mitreiter gewonnen hatten.

Alle wollten den letzten Nachmittag im Ferienlager dazu benutzen, sich im See abzukühlen.

„Wer zuletzt im Wasser ist, muss heute Abend Feuerholz für alle sammeln!", rief Jack. Danach dauerte es nicht mehr lange, bis alle fröhlich im See herumplanschten.

Laura erzählte allen eine neue Gespenstergeschichte am Lagerfeuer. Sie handelte von Frankensteins Monsterhengst. Ihre Zuhörer halfen ihr mit Vorschlägen, wenn sie nicht weiterwusste, und brachen in Gelächter aus, als der Monsterhengst schließlich Stutzilla heiratete und mit ihr das Fohlen Dracuboy bekam.

Nach einer Weile begannen alle zu singen. Jenny saß neben Julia und Laura, ganz in der Nähe von Phil. Phil berührte ihre Schulter.

„Wollen wir spazieren gehen?", fragte er. Unauffällig wollten sich die beiden fortschleichen. Leider schlichen sie nicht sehr erfolgreich, denn sie waren kaum aufgestanden, als sich auch schon alle anderen umdrehten und ihnen zum Abschied zuwinkten.

Jenny wurde rot. „Ich habe genug von Feuer", versuchte sie zu erklären. „Wisst ihr, das Feuer …"

„Lass uns einfach gehen, Jenny", sagte Phil. Er lächelte und nahm ihre Hand, und im Gehen hörten sie die Neckerei der anderen.

„Ich kann nicht glauben, dass es fast vorbei ist", sagte Jenny. „Zwei Wochen schienen so lang, und jetzt, puff, sind sie vorbei. Aber es ist viel passiert in den zwei Wochen. All die Reitstunden, die erste Übernachtung im Zelt, das Feuer, das Turnier und jetzt unsere letzte Nacht im Zelt."

„Die letzte Nacht? Ganz bestimmt nicht", sagte Phil. „Ich denke, wir werden beide im nächsten Sommer wiederkommen, und ich schätze, wir werden uns auch zwischendurch sehen."

Jenny hoffte es. Phil und sie schlenderten zu der behelfsmäßig eingezäunten Koppel, auf der die Pferde diese Nacht untergebracht waren. Ganz in der Nähe floss ein Bach. Die beiden setzten sich ans Ufer, zogen die Schuhe aus und ließen die Füße in das kühle Wasser hängen.

Jenny und Phil schwiegen eine lange Zeit. Die Pferdekoppel lag auf einem Hügel, und mehrere Pferde standen auf der Hügelkuppe und hoben sich dunkel gegen den tiefblauen Nachthimmel ab, und über ihnen leuchtete der Mond. Eines von ihnen hob den Kopf und wieherte. Ein anderes reagierte darauf, indem es das erste mit der Nase sanft gegen die Schulter stieß. Jenny hörte, wie die Pferde in ihrer Nähe zufrieden Gras rupften. Sie hörte aber auch andere Geräusche der Nacht – den Bach, Grillen und sogar den Ruf einer Eule.

Jenny dachte, dass dies wahrscheinlich der schönste Platz der Welt war. Sie sah Phil an. Es gab etwas, das das Ganze noch schöner machen konnte. Und genau in diesem Augenblick lehnte er sich zu ihr hinüber und küsste sie zum ersten Mal.

14

„Er hat dich geküsst!" Julia kreischte es fast. Die Mädchen waren wieder zu Hause in Willow Creek, saßen am Rand von Jennys Swimmingpool und tauschten ihre Geheimnisse aus.

Die Zeit im Ferienlager war vorüber, doch sie alle hatten genug erlebt. Die Erinnerung an all die Abenteuer würden sie ihr Leben lang nicht mehr vergessen.

Jenny nickte aufgeregt. Ihren Freundinnen von ihrem ersten Kuss zu erzählen, machte fast so viel Spaß wie das Küssen selbst.

„Auf den Mund?", wollte Laura wissen.

Jenny nickte. „Ihr seid doch nicht eifersüchtig, oder?", fragte sie plötzlich etwas ängstlich, denn ihr war gerade eingefallen, dass die beiden anderen noch nie von einem Jungen geküsst worden waren.

„Eifersüchtig?", wiederholte Julia. „Natürlich bin ich eifersüchtig, aber eine von uns musste ja den Anfang machen, und Phil ist wirklich ein netter Kerl."

„Das stimmt", sagte Jenny und grinste.

„Mich stört es auch nicht", versicherte Laura ihr.

„Aber erzähl es mir doch noch einmal – du weißt schon, den Teil mit den Pferden auf dem Hügel."

Jenny lachte. Zurzeit waren Pferde für Laura immer noch wichtiger als Jungen, aber Laura freute sich, dass ihre Freundin glücklich war, und damit war auch Jenny zufrieden. Sie erzählte Laura noch einmal von dem Anblick der Pferde auf dem Hügel.

„Das muss wunderschön gewesen sein", sagte Laura und seufzte.

„Das war es", bestätigte Jenny. „Glaub mir."

„Oh nein, sie bekommt wieder diesen schmachtenden Blick", alberte Julia. „Denkst du noch daran, wie Laura dich im Reitunterricht vor einer Blamage gerettet hat, indem sie dich einen Hustenanfall vortäuschen ließ?"

„Ja, ja", sagte Jenny. „Und ich verspreche, dass es nie wieder vorkommen wird."

Laura und Jenny lachten. Es war schön, dass Jenny wieder sie selbst war.

Julia wollte sichergehen, dass Jenny ihr nichts verschwieg, also fragte sie sie noch einmal gründlich über ihren Spaziergang mit Phil aus. Laura schien ein wenig abgelenkt; sie dachte an etwas anderes.

„Langweilt dich die vierhundertste Wiederholung von Jennys erstem Kuss?", fragte Julia, die bemerkt hatte, dass Laura mit den Gedanken woanders war.

„Aber nein", sagte Laura und grinste. „Ich bin jederzeit bereit für die vierhundertunderste, aber ich musste gerade an etwas anderes denken. Erinnert ihr euch noch daran, wie Sara Devine uns erzählt hat, dass sie den Turniersport aufgab, weil der Ehrgeiz und die Verbissenheit der anderen ihr den Spaß daran nahmen? Ich glaube, dasselbe haben wir in der ersten Woche im Ferienlager auch erlebt. Und so macht das Reiten wirklich keinen Spaß!"

Julia begann ihre Haare zu kämmen. „Nein, das Beste am Reiten ist das, was der Sattelclub tut. Wir helfen einander."

„Genau", stimmte Jenny ihr zu. „So wie alle Reiter es beim Turnier taten. Das war toll. Es war so, als hätte der Sattelclub noch siebenundzwanzig weitere Mitglieder."

Laura sah sie überrascht an. „Möchtest du wirklich siebenundzwanzig neue Mitglieder haben?", fragte sie Jenny.

„Bloß nicht!", sagte Julia. „Mir gefällt unser Club, wie er ist. Zumindest würde ich so abstimmen."

„Vielleicht nicht siebenundzwanzig neue Mitglieder", sagte Jenny gedankenverloren. „Aber wie wäre es mit einem?"

Julia und Laura brauchten sie nicht zu fragen, wen sie meinte. Freundinnen wissen so etwas.

Leseprobe

Laura, Jenny und Julia sind ein paar Jahre älter geworden, aber noch immer lieben sie Pferde über alles. Was sie jetzt erleben kannst du in der Serie »Reiterhof Pine Hollow« lesen:

»Glaubt ihr, dass wir noch rechtzeitig ankommen?«, fragte Jenny Lake.

»Da das letzte Flugzeug fast auf uns gelandet ist, vermute ich, dass wir ganz in der Nähe des Flughafens sind«, bemerkte Laura Hanson.

»Bieg hier rechts ab«, sagte Callie Forester vom Rücksitz.

»Und da vorn links«, fügte Laura hinzu. »Ich glaube, Julias Flugzeug startet von dem Terminal dort hinten.«

»Von welchem?«

»Von dem, an dem wir gerade vorbeigefahren sind«, sagte Callie.

»Oh!«, sagte Jenny nur. Sie packte das Lenkrad fester und suchte nach einer Möglichkeit zum Wenden.

»Zu Pferde wäre das alles viel einfacher«, bemerkte Laura.

»Zu Pferde ist alles einfacher«, bestätigte Jenny.

Sie kurbelte das Fenster herunter und winkte den verwirrten Fahrern rund um sie herum hektisch zu. Der Verkehr kam zum Erliegen. Jenny überquerte die drei Fahrspuren und landete auf der gegenüberliegenden Busspur. Es kostete sie weitere zehn Minuten, die richtige Fahrspur wieder zu finden, und die Parkplatzsuche verschlang noch einmal zehn Minuten. Und dann mussten sie noch Julia finden.

»Was glaubt ihr, wo sie sein könnte?«, fragte Laura.

»Ich weiß es«, behauptete Jenny. »Folgt mir!«

»Das tun wir schon die ganze Zeit«, bemerkte Callie trocken.

Alex Lake langte über den Tisch im Flughafenrestaurant und ergriff Julia Atwoods Hand.

»Das wird ein langer Sommer werden«, sagte er.

Julia nickte. Sie hasste es, Abschied zu nehmen, doch sie wollte Alex auch nicht merken lassen, wie schwer ihr die Trennung fiel. Das würde es für ihn nur noch schwerer machen. Die beiden kannten sich nun schon seit vier Jahren – so lange waren Julia und Alex' Zwillingsschwester Jenny schon Freundinnen. Ein Paar waren Julia und Alex allerdings erst seit sechs Monaten. Julia kam es so vor, als hätte sie Alex schon immer geliebt.

»Ich wünschte, dein Dad würde nicht so weit weg wohnen, und ich wünschte, der Sommer wäre kürzer.«

»Er wird schnell vorübergehen«, sagte Julia.

»Für dich vielleicht. Du wirst in Kalifornien sein und

surfen. Aber ich muss hier bei anderen Leuten den Rasen mähen.«

»Ich habe in meinem ganzen Leben noch nicht auf dem Surfbrett gestanden ...«

»Bis jetzt«, betonte Alex. Die Worte klangen fast wie eine Herausforderung und das gefiel Julia gar nicht.

»Ich möchte mich nicht mit dir streiten«, sagte sie.

»Aber das will ich doch auch nicht«, sagte er verlegen. »Entschuldige. Es liegt nur daran, dass ich mir wünsche, die Dinge lägen etwas anders.«

»Mir geht es genauso«, sagte Julia und drückte seine Hand. Damit wollte sie alles ausdrücken, was sie nicht sagen konnte, ohne dabei in Tränen auszubrechen, denn sie hasste es zu weinen.

»Hab ich es nicht gleich gesagt?«, triumphierte Jenny. Sie hatte Callie und Laura quer durch das Terminal zur Cafeteria im Abflugbereich gelotst und dort saßen ihr Zwillingsbruder und ihre beste Freundin.

»Überraschung!«, jubelten die drei Mädchen und drängten sich um den Tisch.

»Wir konnten es nicht zulassen, dass du der Einzige bist, der sich von Julia verabschiedet«, erklärte Laura und zwängte sich neben Alex auf die Bank.

»Wir mussten einfach kommen. Das verstehst du doch, oder?«, fragte Jenny, die sich gegenüber von Julia niedergelassen hatte.

»Und ob!«, bestätigte Julia freudestrahlend. »Ich bin so froh, dass ihr hier seid. Der Gedanke, euch monatelang nicht zu sehen, hat mich völlig fertig gemacht!« Sie freute sich wirklich, dass die beiden gekommen waren. »Ich dachte, ihr hättet etwas anderes vor.«

»Das haben wir nur gesagt, damit wir dich überraschen konnten. Das ist uns doch gelungen, oder?«

»Das kann man wohl sagen!«, bestätigte Julia mit strahlenden Augen.

»Das finde ich auch«, sagte Alex. »Mich habt ihr auch überrascht. Ich hatte schon gehofft, wenigstens einmal einen Nachmittag erleben zu dürfen, an dem ich meine Zwillingsschwester *nicht* zu Gesicht bekomme.«

Jenny grinste. »Man soll die Hoffnung nie aufgeben«, spottete sie. »Schließlich gibt es immer ein Morgen.«

»Das stimmt allerdings«, erwiderte er und grinste.

Da Callie am dichtesten beim Tresen saß, stand sie auf und holte Getränke für alle. Als sie zurückkehrte, sprachen die vier über alles Mögliche, nur nicht darüber, dass Julia den Sommer über fort sein würde und wie sehr sie sie vermissen würden. Callie verteilte die Getränke und setzte sich still an den Tisch. Sie fühlte sich fehl am Platz. Sie hatte zwar nicht den Eindruck, als würde ihre Anwesenheit die anderen stören, doch sie war nur mitgekommen, weil Jenny anschließend mit ihr zu einem Reitsportgeschäft fahren wollte.

»... und vergiss nicht, Skye Hallo zu sagen.«

»Skye? Welchem Skye?«, fragte Alex.

»Er ist nur eifersüchtig«, sagte Julia.

»Nur weil Skye ein Filmstar ist?«

»Und grüß deinen Vater und das Baby. Es wird bestimmt toll, deine kleine Schwester kennen zu lernen.«

Eine Lautsprecherdurchsage sorgte für ein abruptes Ende ihres Gesprächs.

»Das ist mein Flug«, sagte Julia langsam. »Ich muss an Bord. Das heißt, zuerst muss ich durch den Sicherheitscheck und dann zum Flugsteig soundso. Ich kann mir einfach die Zahl nicht merken.«

»Vierzehn«, erinnerte Alex sie. »Er kommt gleich hinter Flugsteig zwölf. Es gibt keine Dreizehn.«

»Also los, Julia.«

»Lass mich das tragen.«

»Und ich nehme das.«

Callie sah zu, wie Julia Laura und Jenny umarmte. Dann gab sie Alex einen Kuss und schlang erneut die Arme um die Freundinnen. Danach wendete sie sich wieder Alex zu.

»Wir sollten jetzt gehen«, schlug Laura taktvoll vor.

»Du musst jeden Tag schreiben oder anrufen«, beschwor Jenny ihre Freundin.

»Versprochen«, sagte Julia. »Vielen Dank, dass ihr gekommen seid. Dir auch, Callie.«

Callie lächelte und drückte Julia kurz an sich. Die Mädchen entfernten sich und ließen Julia mit Alex allein.

»Wir sehen uns zu Hause!«, rief Jenny ihm über die Schulter zu, doch sie hatte nicht das Gefühl, dass er sie gehört hatte.

Kaum waren sie außer Sichtweite, wischte Laura sich eine Träne von der Wange. »Sie wird mir fehlen.«

»Mir auch«, sagte Jenny.

Laura sah Callie an. »Für dich ist das sicher schwer zu verstehen«, sagte sie.

»Nein, eigentlich nicht«, sagte Callie. »Man merkt, dass ihr wirklich gute Freundinnen seid.«

»Ja, das sind wir«, bestätigte Laura. »Wir sind schon lange die besten Freundinnen. Wir sind praktisch unzertrennlich.« Sie hatte die Worte kaum ausgesprochen, als ihr auch schon bewusst wurde, wie sehr Callie sich durch sie ausgeschlossen fühlen musste.

Die drei verließen das Flughafengebäude und schlenderten zurück zu Jennys Auto. Als Jenny den Motor anließ, stieg in ihr ein unangenehmes Gefühl der Leere auf. Der Gedanke, dass Julia den ganzen Sommer fort sein würde, gefiel ihr gar nicht.

»Laura, kommst du noch mit ins Reitsportgeschäft?«, fragte sie.

»Nein, ich kann nicht«, sagte Laura. »Ich habe versprochen, die Pferde von der Weide zu holen, bevor es dunkel wird. Du kannst mich also in Pine Hollow absetzen. Was ist eigentlich mit deinem Job? Musst du nicht auch in einer Stunde bei der Arbeit sein?«

Jenny sah auf ihre Uhr. Laura hatte Recht. An diesem Nachmittag dauerte alles länger als geplant.

»Das ist schon in Ordnung«, sagte Callie schnell. »Wir können auch ein andermal einkaufen gehen.«

»Macht es dir wirklich nichts aus?«, fragte Jenny.

»Nein, ehrlich nicht«, sagte Callie. »Ich möchte schließlich nicht schuld daran sein, wenn ihr zu spät zur Arbeit kommt.«

Als sie vom Parkplatz fuhr, löste sich ein Flugzeug mit Getöse von der Rollbahn und stieg in den grauen Himmel auf. »Vielleicht ist das Julias Maschine«, dachte sie.

Als Jenny an der Ausfahrt die Parkgebühr bezahlte, klatschten die ersten Regentropfen auf die Windschutzscheibe. Wenig später war aus diesen ersten Tropfen ein heftiger Regen geworden und der Himmel hatte die Farbe von Blei. Blitze zuckten und die Donnerschläge ließen die Mädchen zusammenfahren. Das Gewitter war aus dem Nichts aufgetaucht. Jenny schaltete die Scheibenwischer ein. Das Gewitter hielt sich und es kam ein starker Wind auf. Der Himmel war fast schwarz. Der Regen klatschte in Böen auf die Scheiben, das Dach und die Motorhaube. Die Scheibenwischer konnten gegen diese Sturzflut nichts mehr ausrichten.

»Ich hoffe, Fez geht es gut«, sagte Callie. »Er hasst Gewitter.«

»Das wundert mich nicht«, sagte Laura und versuchte, ihre Stimme normal klingen zu lassen. Sie hatte den Eindruck gewonnen, dass es vieles gab, das Fez hasste. Er war launischer als jedes Pferd, das sie bisher geritten hatte. Fez war eines der Pferde auf der Weide, doch Laura wollte Callie nicht beunruhigen und so erwähnte sie es nicht. Außerdem würde Callie dann fragen, warum er nicht geritten, sondern nur auf die Weide gestellt worden war. Wenn sie Callie dann sagte, dass sie ihn vorher geritten hatte, würde Callie befürchten, dass er sich überanstrengte. Laura schüttelte den Kopf. Was hatte Callie an sich, das Laura so sicher machte, dass alles, was sie sagte, in ihren Augen falsch sein musste? Warum schaffte sie es nicht, Callie zu sagen, was Sache war? Laura arbeitete im Reitstall von Pine Hollow und dazu gehörte es, die Pensionspferde zu versorgen – und das bedeutete auch, deren Besitzer zufrieden zu stellen.

»Es geht ihm bestimmt gut. Max und Ben werden auf ihn aufpassen«, versicherte Laura Callie.

»Ja, da hast du sicher Recht«, sagte Callie. »Ich weiß, dass er manchmal nicht ganz einfach ist. Und du hast ihn ja auch geritten. Das ist eben sein Temperament. Ein Distanzpferd muss Temperament haben. Ich glaube, dass aus ihm ein Champion werden könnte. Ich werde diesen

Sommer mit ihm arbeiten und im Herbst ... werden wir sehen.«

Temperament ... ja, es war wichtig, dass ein Pferd Temperament hatte. Das war Laura klar. Sie wünschte nur, verstehen zu können, was ihr an Fez' Temperament so missfiel. Bisher hatte sie immer geglaubt, dass es kein Pferd geben könnte, das sie nicht mochte. Vielleicht lag es an der Besitzerin dieses Pferdes ...

»Oh-oh«, murmelte Jenny und trat sanft auf die Bremse. »Das war etwas zu schnell.«

»Pass bloß auf«, warnte Callie. »Mein Vater sagt, dass die Polizei regelrecht auf der Lauer liegt, um Teenager beim Rasen zu erwischen. Es scheint ihr besonderen Spaß zu machen, Leuten wie uns Strafzettel zu schreiben. Also, mit mir hatte sie zumindest ihren Spaß.«

»Hast du einen Strafzettel bekommen?«, fragte Jenny.

»Nein, nur eine Verwarnung, aber die war fast schlimmer als ein Strafzettel. Ich war knapp zehn Kilometer schneller als erlaubt. Der Polizist hat mich angehalten, aber mir nur eine Verwarnung erteilt. Mein Dad war stinksauer auf mich und hat mich drei volle Monate nicht ans Steuer gelassen. Das ist natürlich nichts im Vergleich zu dem, was Scott sich im letzten Jahr geleistet hat ...«

»Was hat er denn gemacht?«, fragte Laura, die es auf einmal brennend interessierte, mit welchen Problemen die Forester-Kinder zu kämpfen hatten.

»Das ist eine ziemlich lange Geschichte«, sagte Callie. »Also ...«

»He! Seht euch das an!«, unterbrach Jenny sie. Ein gigantischer Blitz zuckte genau vor ihnen über die Straße und fast gleichzeitig ertönte ein gewaltiger Donnerschlag. Der dunkle Nachmittag war eine Minute lang in gleißendes Licht getaucht.

»Sollten wir nicht lieber an die Seite fahren und warten, bis das Gewitter vorbei ist?«, fragte Laura.

»Ich glaube nicht, dass das nötig ist«, sagte Jenny und spähte durch die Windschutzscheibe. »Es wird nicht mehr lange dauern. Das tut es nämlich nie, wenn es so stark regnet. Außerdem fahren wir ja ohnehin an der nächsten Ausfahrt ab.«

Sie wurde noch langsamer und schaltete die Scheibenwischer auf die höchste Stufe. Der Wagen vor ihr steuerte ebenfalls die Ausfahrt an und sie ließ seine verschwommenen Rücklichter keinen Moment aus den Augen. Solange sie sie sah, konnte ihr nichts passieren. Der Regen prasselte so laut auf den Wagen, dass eine Unterhaltung kaum noch möglich war. Jenny fuhr vorsichtig weiter. So plötzlich, wie der Regen eingesetzt hatte, hörte er auch wieder auf. Jenny entdeckte das Ausfahrtsschild, blinkte und fuhr von der Autobahn ab. Sie bog nach links ab und folgte dann der Straße nach Willow Creek.

»Ich setze dich zuerst im Stall ab«, sagte sie und bog

in die Straße ein, die an den äußeren Weiden entlangführte. Die weißen Koppelzäune folgten dem Verlauf der Straße und zerteilten den weitläufigen grünen Hügel in eine Reihe von Koppeln und Ausläufen. Auf einigen der Koppeln standen Pferde und schlugen mit den Schweifen. Eines von ihnen bockte übermütig und galoppierte unter wildem Kopfschlenkern den Hügel hinauf. Jenny lächelte. Pferde würden für sie immer der schönste Anblick bleiben.

»Dann bringe ich Callie nach Hause«, fuhr sie fort, »und danach fahre ich zu meiner Schicht in der Pizzaburg. Wahrscheinlich werde ich ein paar Minuten zu spät kommen, aber ich nehme sowieso nicht an, dass es jemanden gibt, der nachmittags um fünf eine Pizza geliefert haben möchte. Wenigstens habe ich meinen Hut dabei«, sagte Jenny. Oder vielleicht doch nicht? In der Hoffnung, ihn zu entdecken, sah sie in den Rückspiegel, und als ihr das nicht gelang, drehte sie sich um. Callie griff nach dem Hut und wollte ihn ihr nach vorn reichen.

»Hier«, sagte sie. »Wir wollen doch nicht ... He! Es sieht aus, als wäre das Gewitter doch nicht vorbei!«

Ein gleißender, gezackter Blitz durchzuckte den Himmel, dicht gefolgt von explosionsartigem Donner. Jenny erschrak. Sie stieß einen Schrei aus und richtete ihre Augen mit einem Ruck wieder auf die Straße. Das Licht war so plötzlich gekommen und so hell, dass sie eine

Sekunde lang fast blind war. Das Auto schleuderte. Jenny bremste und krallte ihre Hände ums Lenkrad. Erst dann wurde ihr bewusst, dass sie nichts sehen konnte, weil es stärker regnete als zuvor. Sie griff nach dem Scheibenwischerhebel und schaltete die Wischer auf die höchste Stufe. Rechts von ihr war etwas! Sie sah, dass sich dort etwas bewegte, doch sie konnte nicht erkennen, was es war.

»Jenny!«, schrie Laura.

»Pass auf!«, kreischte Callie vom Rücksitz.

Jenny riss das Lenkrad nach links in der Hoffnung, dass dieser Schlenker ausreichen würde. Ihre Hoffnung wurde durch ein Übelkeit erregendes Krachen zerstört, das erklang, als ihr Wagen etwas Massives rammte. Als das Etwas anfing zu schreien, wusste Jenny, dass es ein Pferd war. Danach verschwand es aus ihrem Blick. Der Wagen geriet erneut ins Schleudern, krachte gegen die Leitplanke am linken Straßenrand und kippte über die Planke, als wäre sie gar nicht vorhanden.

Tiefer und tiefer rollte das Auto und überschlug sich dabei mehrere Male. Jenny hörte die Angstschreie ihrer Freundinnen. Sie hörte auch ihre eigenen Schreie, die im engen Innenraum des Wagens merkwürdig gedämpft klangen und durch das Rumpeln des bergab trudelnden Wagens gewissermaßen beantwortet wurden. Endlich kam der Wagen zum Stillstand. Die Schreie verstummten und auch der Motor lief nicht mehr. Das Einzige, was Jenny noch hören konnte, war das gleichmäßige *flap, flap, flap* der Scheibenwischer.

»Laura?«, flüsterte sie. »Bist du in Ordnung?«

»Ich glaube schon. Was ist mit dir?«, antwortete Laura.

»Ich auch. Callie? Ist dir was passiert?«, fragte Jenny.

Keine Antwort.

»Callie?«, rief nun auch Laura.

Die einzige Antwort war das flache Atmen des Mädchens. Wie hatte das passieren können?

Leseprobe aus »Reiterhof Pine Hollow« Band 1 –
»Der Sattelcub überspringt alle Hindernisse«
von Bonnie Bryant (RTB 58130)